THE IUCN RED LIST
LA LISTA ROJA DE LA UICN

Our goal is to catalyze action for biodiversity conservation by providing information and analysis on the world's species, including threats, population status, and trends.

THE IUCN RED LIST

Nuestra Meta es catalizar las acciones para la conservación de la biodiversidad mediante el suministro de información y análisis sobre el estado que guardan las especies del mundo, incluyendo las amenazas presentes, su estado poblacional y las tendencias.

LA LISTA ROJA DE LA UICN

THE IUCN RED LIST

50 Years of Conservation

LA LISTA ROJA DE LA UICN

50 Años de Conservación

JANE SMART
CRAIG HILTON-TAYLOR
RUSSELL A. MITTERMEIER

SERIES EDITOR
CRISTINA GOETTSCH MITTERMEIER

CEMEX NATURE SERIES

IN MEMORIAM

Lorenzo H. Zambrano (1944-2014), Chairman and CEO of CEMEX, inspired awareness and corporate engagement in the conservation of Earth's natural wealth, and recognized that we could play a vital role in promoting a broader understanding of biodiversity's value for the successful protection of healthy ecosystems.

Under Mr. Zambrano's leadership, CEMEX embarked on a journey that created two important book series, the Conservation Book Series and the Nature Book Series, which have delivered twenty-two years of uninterrupted and groundbreaking nature publications. These books were produced to inspire, educate, and promote the appreciation of the natural world we all enjoy and too often take for granted. The books have reached audiences throughout the world and positively impacted action.

Mr. Zambrano's strong commitment to the protection of biodiversity also inspired CEMEX to take a step forward fourteen years ago to launch the El Carmen, a private conservation area located in the border of Mexico and United States, owned and managed by CEMEX. Home to myriad species of plants, birds, mammals, reptiles, and amphibians, today El Carmen is one of the most important biodiversity hotspots and transboundary ecosystems in the world.

Mr. Zambrano believed that promoting, demonstrating, and inciting actions that conserve our planet's extraordinary biodiversity is one of the greatest inheritances that today's societies can leave for future generations. Through his love of nature and steadfast actions on its behalf, Mr. Zambrano's legacy will endure.

Lorenzo H. Zambrano (1944-2014), Director General y Presidente del Consejo de CEMEX no sólo inspiró una mayor conciencia y un creciente compromiso corporativo con la conservación de nuestra riqueza natural, sino que también promovió un conocimiento más amplio entre todos los sectores de nuestra sociedad sobre la importancia fundamental de la biodiversidad; un aspecto prioritario para la preservación de ecosistemas sanos alrededor del mundo.

Bajo su liderazgo, CEMEX creó dos importantes series de libros que se han materializado en magníficas obras editoriales. La Serie de Libros de Conservación y La Serie de Libros de Naturaleza, se han venido publicando de manera ininterrumpida durante 22 años. Estos libros han sido publicados con el propósito de difundir entre audiencias de todo el mundo el extraordinario entorno natural de nuestro planeta, e inspirar así su cuidado. Los libros se han distribuido por todo el mundo y su mensaje ha tenido un impacto positivo en la conservación.

El firme compromiso de Lorenzo H. Zambrano con la protección de la biodiversidad, también llevó a CEMEX, hace ya 14 años, a establecer el proyecto de conservación de El Carmen, un área privada que se localiza en la frontera entre México y Estados Unidos y que es administrada por CEMEX. Hogar para cientos de especies emblemáticas de flora y fauna, El Carmen es considerado como uno de los más importantes ecosistemas transfronterizos del mundo.

Lorenzo H. Zambrano estaba convencido de que promover acciones concretas para apoyar la conservación de la biodiversidad representa una de las herencias más trascendentes que podemos hacer a las generaciones futuras. A través de éstas y muchas otras iniciativas en favor de la sustentabilidad, su legado perdurará por siempre.

The IUCN Red List of Threatened Species is a vital resource for conservationists. The Endangered listing of the chimpanzee carries tremendous weight, as it involves the participation of the world's leading experts through an independent peer-review process. The IUCN Red List also raises awareness and highlights critical actions to save species.

JANE GOODALL PhD, DBE
Founder, Jane Goodall Institute and UN Messenger of Peace

. . .

The IUCN Red List tells us where we ought to be concerned and where the urgent needs are to do something to prevent the despoliation of this world. It is a great resource for the work of conservationists.

SIR DAVID ATTENBOROUGH

La Lista Roja de Especies Amenazadas de la UICN es un recurso vital para los conservacionistas. El listado de los chimpancés como En Peligro tiene un enorme peso pues involucra la participación de los expertos líderes del mundo en el proceso de revisión paritaria independiente de sus trabajos. La lista también crea conciencia y señala acciones críticas para salvar a las especies.

JANE GOODALL PhD, DBE
Fundadora, Jane Goodall Institute y Mensajera de la Paz de la ONU

. . .

La Lista Roja de la UICN nos indica en donde existen motivos de preocupación y en donde las necesidades son urgentes para prevenir el saqueo de este mundo. Es un recurso grandioso para el trabajo de los conservacionistas.

SIR DAVID ATTENBOROUGH

Neophema chrysogaster
Orange-bellied parrot/
Loro ventrinaranja
CRITICALLY ENDANGERED/
EN PELIGRO CRÍTICO
JAN WEGENER

following pages/
páginas siguientes (viii–ix)
Panthera leo
Lion/León
VULNERABLE
MICHAEL NICHOLS/NAT GEO CREATIVE

CONTENTS   CONTENIDO

Crocodylus acutus
American crocodile/
Cocodrilo americano
VULNERABLE
CLAUDIO CONTRERAS KOOB

A MESSAGE FROM CEMEX

CEMEX is pleased to introduce the second volume in our CEMEX Nature Series, *The IUCN Red List: 50 Years of Conservation*. This new series builds on more than two decades of publishing its predecessor, the CEMEX Conservation Series, a singular and stunning collection of twenty books that enhances awareness of our connection to nature and confirms our commitment to the conservation of our planet's natural resources.

We are delighted to present this book in partnership with the International Union for the Conservation of Nature (IUCN), with whom we share a long history of collaboration, starting with the publication of *The Red Book: The Extinction Crisis Face to Face* in 2001.

The year 2014 marks the significant influence of The IUCN Red List of Threatened Species™ in guiding conservation action and policy decisions over the past half-century. This fiftieth anniversary book is a splendid continuation of our CEMEX Nature Series and an inspirational resource for spreading recognition and appreciation of the Red List's achievements. Shining a light on the beauty of our planet's biodiversity, *The IUCN Red List: 50 Years of Conservation* blends voices from IUCN's experts with magnificent photography to portray species that have benefited from the efforts of the Red List, as well as those that until now have been relatively unknown but require swift action to prevent their extinction.

CEMEX is profoundly gratified to contribute to this invaluable conservation resource—a health check for our planet—a "barometer of life."

CEMEX

UN MENSAJE DE CEMEX

CEMEX se complace en presentar el segundo volumen de la Serie Naturaleza, *La Lista Roja de la UICN: 50 Años de Conservación*. Esta nueva serie se cimenta en las dos décadas de experiencia de publicación de la Serie de Libros de Conservación de CEMEX, una fascinante colección de 20 obras que además de fomentar la conciencia de nuestra conexión con la naturaleza, ratifica nuestro compromiso con la conservación de los prodigiosos recursos de nuestro planeta.

Nos complace presentar este volumen en asociación con la Unión Internacional para la Conservación de la Naturaleza (UICN), con quienes venimos colaborando desde la publicación del *El Libro Rojo: Enfrentando la Extinción, Cara a Cara* en 2001.

El 2014 marca el cincuentenario de La Lista Roja de Especies Amenazadas de la UICN™ que ha orientado de manera sobresaliente las políticas y las decisiones por más de medio siglo. Este volumen de aniversario representa no solo una espléndida continuación de nuestra Serie CEMEX Naturaleza, sino que también es una excelente oportunidad para la publicación de un merecido reconocimiento a la trascendental contribución de la lista. Como una luz sobre la belleza de la biodiversidad en nuestro planeta, *La Lista Roja de la UICN: 50 Años de Conservación* una la elocuente prosa de los expertos con bellas fotografías para crear retratos tanto de las especies beneficiadas con los esfuerzos de la lista, así como aquellas poco conocidas o ignoradas, pero que también requieren de una rápida intervención para prevenir su extinción.

CEMEX está profundamente agradecido de poder contribuir con este invaluable y continuo chequeo de la salud de nuestro planeta—el barómetro de vida.

CEMEX

Indri indri
Indri/Indri colicorto
ENDANGERED/EN PELIGRO
TOM SCHANDY

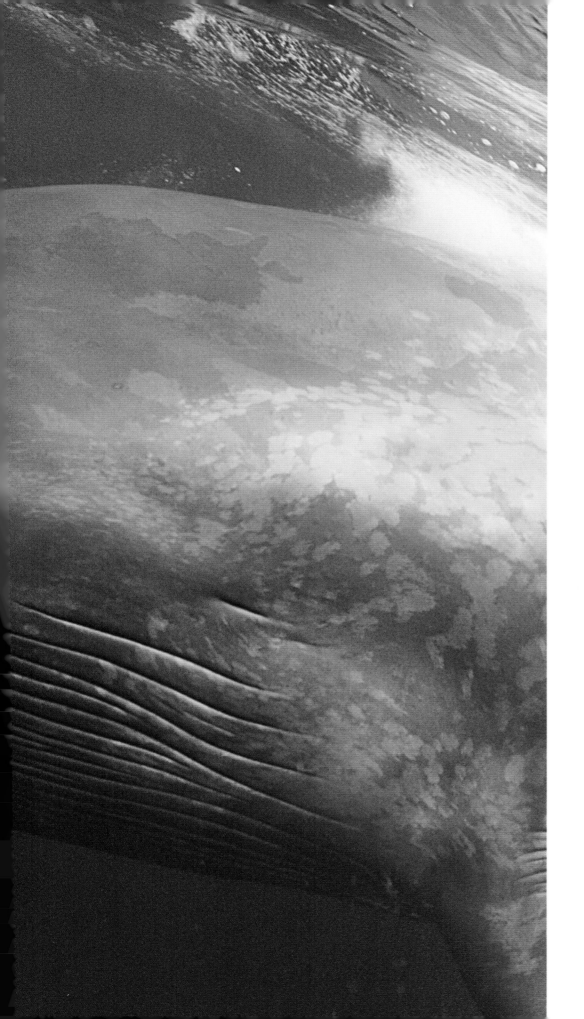

 ‹EN›

Balaenoptera musculus
Blue whale/Ballena azul
ENDANGERED/EN PELIGRO

AMOS NACHOUM

FOREWORD

Since the middle of the last century, the world has witnessed massive changes, including the reckless destruction of nature, our life support system. IUCN, the International Union for Conservation of Nature, was founded in 1948 as a response to what was rightly seen at that time as an emerging crisis—the loss of biodiversity and its consequences for humankind.

Fortunately, during the early 1960s, IUCN, through its Species Survival Commission, gave birth to what is now The IUCN Red List of Threatened Species, which has since become the world's most comprehensive information source on the global status of animal, fungi, and plant species—and one of the best tools we have to tackle and counter the extinction crisis.

For many years, we have remained ignorant of the status of the species that make up the natural world, and the available knowledge has been highly focused on large, charismatic mammals. Now, however, the Red List is allowing us to understand the overall picture of biodiversity loss with increasing numbers of plants, fungi, and invertebrates assessed. It is becoming a true "barometer of life."

The information that has been amassed and disseminated is unparalleled. The Red List has grown continuously in terms of its technical strength and breadth, providing a unique tool for decision makers as well as a trusted "wake-up call" for people throughout the world—and has helped society become aware of the vital links between the natural world and the fate of our own species.

Often the harbinger of bad news, the Red List is also progressively seen as the springboard for species conservation action: a classic case of knowledge leading to positive change. IUCN's nearly 1,300 governmental and nongovernmental members have adopted a global

PREÁMBULO

Desde mediados del siglo pasado el mundo ha presenciado cambios profundos, incluyendo la destrucción negligente del medio natural, nuestro sistema de soporte de vida. La Unión Internacional para la Conservación de la Naturaleza (UICN) fue fundada en 1948 como una respuesta a lo que entonces se veía venir como una crisis progresiva—la pérdida de la diversidad biológica y sus consecuencias para la humanidad.

Afortunadamente, la UICN durante los años sesentas a través de la Comisión para la Supervivencia de Especies concibió lo que hoy conocemos como El Libro Rojo de la UICN de Especies en Peligro, que desde entonces se ha convertido en la fuente más completa de información sobre el estado global que guardan las especies de animales, hongos y plantas—y una de las mejores armas con las que contamos para abordar y contrarrestar la crisis de extinción.

Durante mucho tiempo permanecimos ignorantes sobre la situación de las especies que componen el medio natural y del conocimiento que entonces se había enfocado en gran medida en los mamíferos más carismáticos. Hoy sin embargo, La Lista Roja de la UICN nos permite comprender el panorama completo de la pérdida de diversidad biológica con el número creciente de plantas, hongos e invertebrados evaluados en ella. Se ha convertido en un auténtico "barómetro de vida".

La información allí reunida y difundida no tiene paralelo. La lista ha crecido de manera constante en cuanto a su consistencia técnica y su alcance, constituyéndose en una herramienta única para los tomadores de decisiones y en una "llamada de atención" para todo el mundo, ayudándonos a tomar conciencia de la relación que existe entre el mundo natural y el destino de nuestra propia especie.

program, in which nature is viewed as providing solutions to the challenges humanity faces to create a sustainable future for people and the planet. Responses to the Red List's assessments are an essential part of this solutions-focused approach.

We are delighted to welcome this volume to mark and celebrate the fiftieth anniversary of The IUCN Red List of Threatened Species and would like to thank CEMEX for its recognition of the significance of this important milestone in IUCN's work. Through this partnership we hope that others will join what is in effect a new crusade to support the planet's survival.

JULIA MARTON-LEFÈVRE
Director General, International Union for Conservation of Nature

ZHANG XINSHENG
President, International Union for Conservation of Nature

A menudo vista como el portavoz de malas noticias, La Lista Roja de la UICN se considera hoy como una plataforma para las acciones de conservación: el clásico caso del conocimiento traducido en acción afirmativa. Los casi 1,300 miembros gubernamentales y no-gubernamentales de la lista están adoptando un programa global en el que la Naturaleza es vista como una fuente de soluciones a los desafíos que enfrenta la Humanidad para crear un futuro sustentable en el planeta. Las respuestas a las evaluaciones de la lista son parte esencial de este abordaje centrado en las soluciones.

Estamos complacidos en dar la bienvenida al presente volumen que conmemorará y celebrará el cincuenta aniversario de La Lista Roja de Especies Amenazadas de la UICN y agradecemos a CEMEX su reconocimiento al significado que tiene este importante hito para el trabajo de la UICN. Esperamos que otros se adhieran a esta alianza, la que de hecho es una nueva cruzada para defender la supervivencia del planeta.

JULIA MARTON-LEFÈVRE
Directora General, Unión Internacional para la Conservación
de la Naturaleza

ZHANG XINSHENG
Presidente, Unión Internacional para la Conservación de la Naturaleza

Pteronura brasiliensis
Giant otter/Lobo del río
ENDANGERED/EN PELIGRO

TIM LAMAN

PREFACE

Half a century ago, a handful of visionary conservationists led by Sir Peter Scott—then chair of the IUCN Species Survival Commission (SSC)—published *The Launching of a New Ark,* and from the lists of threatened species presented in this volume emerged The IUCN Red List of Threatened Species. Today, we often ask what these early pioneers would make of the current IUCN Red List. Some aspects of it would be completely new to them—such as its data being Internet-based. Also, it now follows rigorous rules and quantitative criteria and undergoes formal peer review. Some Red List features would still be recognizable, such as the veritable army of volunteer experts in the SSC who donate their knowledge selflessly for the good of conservation; the organizations that partner with IUCN to make the Red List a success; and the first-rate staff in the IUCN Secretariat who support the volunteers in their research. We imagine our early leadership would be alarmed at the escalation of serious conservation problems (over twenty-one thousand threatened species are now on the Red List); they would be saddened at society's continued disregard for the other species sharing our planet. On the other hand, it would thrill them to witness the respect and authority that the Red List now holds among policy makers, and how it has become the accepted global standard for assessing the extinction risk of species.

We would like to thank all those members of SSC, Red List Partner organizations, and IUCN staff who have made The IUCN Red List what it is over the past fifty years. We thank CEMEX for generously funding this book, an especially symbolic gesture as the Mesoamerican region stands as a good example of what is happening throughout the world: large numbers of threatened species, but at the same time effective conservation initiatives stimulated by the Red List.

PREFACIO

Hace medio siglo un grupo pequeño de visionarios guiados por Sir Peter Scott, que fuera en aquel entonces el Presidente de la Comisión de Supervivencia de Especies (SSC por sus siglas en inglés), publicaron un libro, "The Launching of a New Ark", y es a partir de la lista de especies amenazadas incluida en este libro que La Lista Roja de Especies Amenazadas de la UICN surgió y se desarrolló. A veces nos preguntamos lo que aquellos pioneros pensarían de La Lista Roja de la UICN hoy en día. Algunas cosas serían completamente nuevas para ellos: el hecho de que la lista está basada completamente en internet y de que utiliza una serie de reglas y criterios cuantitativos muy rigurosos, sin mencionar la revisión paritaria. Sin embargo, hay algunas cosas que sí reconocerían, como el enorme ejército de expertos voluntarios de la SSC que generosamente donan su conocimiento para el bien de la conservación, las organizaciones que forman sociedad con la UICN para hacer de la Lista Roja un éxito, y el personal del más alto nivel del Secretariado de la UICN que apoya a los voluntarios—de muchas maneras diferentes—en la labor de hacer el listado. Seguramente estarían alarmados y entristecidos ante la seriedad de los problemas actuales de conservación (más de 20,000 especies amenazadas en La Lista Roja de la UICN), y ante el desdén que tiene la Humanidad para las especies con las que compartimos el planeta. Sin embargo, seguramente se asombrarían ante el respeto y autoridad que La Lista Roja de la UICN tiene entre los tomadores de decisiones y ante la forma en la que ha sido aceptada como el estándar global para evaluar el riesgo de extinción de las especies.

Queremos agradecer a todos los miembros de la SSC, a las organizaciones asociadas con la Lista Roja y al personal de la UICN quienes con su trabajo durante los últimos cincuenta años han hecho

May those of us today and those of future generations carry on the vision and hard work of our predecessors of fifty years ago and have as our goal substantial reduction in the extinction crisis that the Red List reveals.

GRETHEL AGUILAR ROJAS
Directora Regional, IUCN México, Mesoamérica and the Caribbean

JANE SMART
Global Director, IUCN Biodiversity Conservation Group
Director, IUCN Global Species Programme

SIMON STUART
Chair, IUCN Species Survival Commission

de la Lista Roja lo que actualmente es. Agradecemos profundamente a CEMEX por la generosa donación de este libro, lo cual es sumamente apropiado ya que la región Mesoamericana es un ejemplo perfecto de lo que sucede en el resto del mundo: grandes cantidades de especies amenazadas, pero también importantes iniciativas de conservación que han sido estimuladas por La Lista Roja de la UICN y que están teniendo un impacto duradero.

Ojalá tengamos la misma visión que aquellos pioneros de hace 50 años y hagamos compromiso para superar la crisis de extinción que la Lista Roja nos revela.

GRETHEL AGUILAR ROJAS
Directora Regional, UICN México, Mesoamérica y el Caribe

JANE SMART
Directora Global, Grupo de Conservación de Biodiversidad de la UICN
Directora, Programa Global de Especies de la UICN

SIMON STUART
Presidente, Comisión de Supervivencia de Especies de la UICN

INTRODUCTION: THE "RED" GOLD MINE OF KNOWLEDGE

We live on a beautiful planet, one that supplies us with all that we need not only to survive but also to thrive. The thin veneer of fragile green nature that covers the surface of Earth provides clean air, clean water, medicines, building materials, and a favorable climate to raise our crops. Right now this life-support system is being recklessly squandered by humanity, and having persisted for more than two billion years is being irrevocably destroyed.

Nature, or biodiversity, has three components: species, ecosystems, and genes. Together they make up the intricate web of life, which makes our planet what it is: the only place in the universe where we are certain life exists. And what a remarkable array of life forms exists here. Species, as the building blocks of life, are nature's most obvious manifestation. About 1.9 million species have been discovered (and are still being discovered) and given scientific names, although the actual number may exceed 10 million. Even though we are beginning to understand the vital role they play in keeping our planet habitable, our overall knowledge of species is surprisingly slight. We lack a complete understanding of exactly how many species exist, where they live, and how their complex interactions support life on Earth.

We do know that many species with whom we share this world are increasingly in danger and are heading toward extinction, sometimes before we even know of their existence. Nature is, quite simply, under siege. The threats to life are manifold. We are destroying habitats, polluting waters (both the ocean and freshwaters), and changing the climate. Agricultural expansion, deforestation, overexploitation (including through the recent, gigantic leap in wildlife trafficking), and the introduction of alien invasive species are all taking their toll. In the

INTRODUCCIÓN: LA MINA DE ORO ROJO DEL CONOCIMIENTO

Habitamos un hermoso planeta que nos proporciona todo cuanto necesitamos para vivir y prosperar. La delgadísima capa de vida que recubre la Tierra proporciona aire puro, agua limpia, medicamentos, materiales de construcción y un clima favorable para el cultivo. Este sistema de soporte de vida que ha persistido por más de dos mil millones de años, ahora está siendo irremisiblemente destruido por el imprudente despilfarro de la Humanidad.

La Naturaleza y la biodiversidad poseen tres componentes: especies, ecosistemas y genes. Juntos dan forma a la intrincada red de vida que hace a nuestro planeta lo que es: el único sitio en el Universo en el que tenemos la certeza de que existe la vida, y qué asombrosa variedad de formas de vida existe. La especie como elemento constructivo básico de vida es la expresión más evidente de la naturaleza. Se han descubierto alrededor de 1.9 millones de especies que han recibido nombre científico y es probable que el número real llegue a exceder los 10 millones. Aunque apenas empezamos a comprender el papel esencial que juegan las especies para conservar habitable nuestro planeta, nuestro conocimiento sobre las especies es sorprendentemente pequeño. Carecemos del conocimiento preciso de la existencia de muchas especies, de donde viven y de cómo su compleja interacción sustenta la vida en la Tierra.

Sabemos que muchas de las especies con las que compartimos este mundo están en creciente peligro o en vías de extinción, en ocasiones incluso antes de saber de su existencia. Llanamente, la Naturaleza se encuentra en estado de sitio. Las amenazas a los seres vivos son muy variadas. Destruimos hábitats, contaminamos las aguas (las oceánicas y las dulces) y estamos cambiando el clima. La expansión agrícola,

preceding pages/
páginas anteriores (xxii–xxiii)
Pelecanus crispus
Dalmatian pelican/
Pelícano ceñudo
VULNERABLE
JARI PELTOMÄKI/
WILD WONDERS OF EUROPE

Leontopithecus chrysomelas
Golden-headed lion tamarin/
Mico león de cabeza dorada
ENDANGERED/EN PELIGRO
ANUP SHAH/NATUREPL.COM

past six decades, in particular, individual populations of many species have undergone declines and many habitats have suffered enormous losses because of human actions. In fact, having survived five mass extinction crises (the last from a giant asteroid that exterminated the dinosaurs), we are now in the middle of a sixth extinction crisis: species extinction rates currently exceed normal background rates by two to three orders of magnitude.

How do we know this? Throughout its history IUCN, particularly through its Species Survival Commission (SSC), has focused much of its daily activity on documenting the alarming increase of species at risk of extinction. The IUCN Red List of Threatened Species, as it is known today, began when Sir Peter Scott, then chair of the SSC, initiated the production of the Red Data Book series in the 1960s (see "A History of The IUCN Red List," pages 9–27). The first comprehensive list of threatened mammals and birds was compiled and published in 1964, enabling, for the first time, public access to this critical information. In 2014 we are marking and celebrating fifty years of this gold mine of information.

The IUCN Red List is humanity's most comprehensive information source on the status of species. Our goal is to catalyze action for species, for life, and for nature—not just for nature's sake, but also for all of humanity—because our own survival depends on the species that underpin our fragile life-support system.

Over the course of fifty years the Red List has developed into a Barometer of Life, the name for one of IUCN's funding campaigns. Simply put, the list is the most powerful metric the world has to tell us what is happening to nature. It began by focusing on selected species, but now covers entire taxonomic classes. The early work for the Red List concentrated on assessing the furry and the feathery species. The vast majority of living things, however, including most plants, invertebrates, lower vertebrates, and all fungi were, until recently, underrepresented.

We currently work to expand the taxonomic base of the Red List by assessing the underrepresented species in order to make the list reflective of life's diversity. For true representation, we need to assess and monitor the status of 160,000 species—just over double the number currently on the Red List. We have set a goal to complete these assessments by 2020, an endeavor that will cost an estimated $60 million.

la deforestación, la sobreexplotación (incluyendo el actual enorme tráfico de especies silvestres) y la introducción de especies exóticas invasivas, todo lo anterior se está acumulando. Durante los últimos sesenta años las actividades humanas han provocado la disminución de la población de un gran número de especies y muchas de ellas han perdido gran parte de sus hábitats. De hecho, tras haber sobrevivido cinco extinciones masivas (la última extinción producto del impacto de un asteroide que provocó la desaparición de los dinosaurios), ahora nos encontramos en medio de la sexta crisis de extinción pues las tasas de extinción de especies van de cien a mil veces lo normal.

Y, ¿cómo sabemos esto? A lo largo de su historia y en particular a través de la Comisión de Supervivencia de Especies (SSC), la UICN ha concentrado su quehacer en documentar el alarmante incremento de especies en riesgo de extinción. La Lista Roja de Especies en Peligro de la UICN, como se le conoce ahora, fue iniciada por Sir Peter Scott, entonces presidente de la SSC y que inició la elaboración de la serie denominada el Libro Rojo de Datos en los años sesentas (ver "La Historia de La Lista Roja de la UICN", páginas 9–27). Esta primera lista de mamíferos y aves en peligro fue compendiada y publicada en 1964, ofreciendo por primera vez al público esta sensible información. Ahora, en el año 2014 celebramos los primeros cincuenta años de la publicación de esta valiosa mina de información.

La Lista Roja de la UICN es la fuente de información más extensa y detallada que tiene la Humanidad sobre la situación actual de las especies. Nuestra meta es catalizar acciones para asistir a las especies, no solo para el bien del medio ambiente sino para la Humanidad misma pues nuestra supervivencia depende de las especies que sustentan nuestro frágil sistema de soporte de vida.

Tras cincuenta años de publicación de La Lista Roja de Especies Amenazadas de la UICN, ésta se ha convertido en un "barómetro de vida". En definitiva, es la referencia más importante a nivel mundial para evaluar lo que sucede en la Naturaleza. Inició enfocándose en un grupo seleccionado de especies y ahora abarca a todas las clases taxonómicas. El trabajo inicial de La Lista Roja de la UICN se concentró en la valoración de los animales de pelo y pluma. La gran mayoría del resto de las especies, incluyendo a plantas, invertebrados (mayores y menores) y hongos, estuvieron escasamente representados hasta hace relativamente poco.

This book celebrates The IUCN Red List and the foundation of knowledge it has given us to spark the action needed for the conservation of species. In these pages and in our dedicated work, we honor the wondrous species of this planet, including those on the brink of extinction and those soon to be if we do not act immediately. The book also salutes the thousands of hardworking scientists, from the SSC and beyond, who have contributed so generously to our mission and made the Red List a rich and invaluable resource.

We offer *The IUCN Red List: 50 Years of Conservation* as a stimulus for worldwide support toward the success of making the Red List a complete "barometer of life" by 2020. We hope the book serves as a clarion call for conservation action that brings about the recovery of species on which the quality of our own lives depends, as well as our economic security and the future of the planet. Conservation works. The time is now for world societies to act.

JANE SMART
Director, IUCN Global Species Programme

Actualmente trabajamos para expandir la base taxonómica de la Lista Roja evaluando a las especies insuficientemente representadas para reflejar así a la diversidad biológica. Para lograrlo necesitamos evaluar y monitorear la situación de ciento sesenta mil especies, alrededor del doble del número actual de la lista. Nos hemos puesto la meta de completar estas evaluaciones para el año 2020; una empresa cuyo costo se estima que será de unos sesenta millones de dólares.

El presente volumen conmemora a La Lista Roja de la UICN de Especies en Peligro y con ella el conocimiento que detonará las acciones necesarias para la conservación de las especies. En estas páginas y con nuestro trabajo rendimos tributo a las asombrosas especies de este planeta, incluidas las que se encuentran en riesgo de extinguirse o que desaparecerán si no actuamos ahora. Este libro extiende el agradecimiento a los afanosos científicos de la SSC y de otras instituciones, quienes han contribuido tan generosamente a nuestra misión convirtiendo a La Lista Roja de la UICN en el invaluable recurso que representa hoy en día.

Esperamos que el volumen *La Lista Roja de la UICN: 50 Años de Conservación* estimule el respaldo universal para convertir a La Lista Roja de la UICN en un "barómetro de vida" exhaustivo para el 2020. Esperamos que el presente libro sirva como un llamado a la acción para la conservación y recuperación de las especies de las que depende nuestra existencia, y con ello la certidumbre económica y el futuro del planeta. La conservación funciona, y ahora es cuando las sociedades del mundo tienen que interceder.

JANE SMART
Directora, Programa Global de Especies de la UICN

THE IUCN RED LIST:
WHAT IT IS AND WHAT IT DOES

LA LISTA ROJA DE LA UICN:
QUÉ ES Y QUÉ HACE

Fifty years ago, The IUCN Red List of Threatened Species became the starting point for taking effective conservation action. Today, this list, which is compiled through the contribution of thousands of biologists throughout the world, stands as the most comprehensive resource on the global conservation status of animal, fungi, and plant species. Produced and managed by the IUCN Global Species Programme, together with the Species Survival Commission (SSC), the list also involves an alliance of several other core institutions, programs, and universities that unite under the IUCN Red List Partnership: BirdLife International, Botanic Gardens Conservation International, Conservation International, Microsoft, NatureServe, the Royal Botanic Gardens at Kew, Sapienza University of Rome, Texas A&M University, Wildscreen, and the Zoological Society of London. As its central purpose, the list aims to catalyze action for the conservation of biodiversity. It provides information and analysis on the world's species, including population status, trends, and threats. The Red List is based on a scientific system for assessing the risk of extinction for a species that analyzes past, present, and projected threat information. This enormous database is key to actions that prevent or reduce the risk of extinction—and in some cases, bring about recovery of species.

Nine categories comprise the list and are based on information about species' populations, size and structure, and geographic range. Once a species has been evaluated (until then it is classified as "Not Evaluated"), it is added to one of the following categories:

• **Data Deficient** (species where there is inadequate information to make an assessment of extinction risk)

Hace cincuenta años La Lista Roja de Especies Amenazadas de la UICN se convirtió en el punto de partida de numerosas medidas eficaces de conservación. La lista, un compendio de la experiencia de miles de biólogos de todo el mundo, se consi-dera la fuente más completa del estado de la conservación de los Reinos Animalia, Plantae y Fungi. Producido y gestionado por el Programa Global de Especies de la UICN junto con la Comisión de Supervivencia de Especies (SSC por sus siglas en inglés), cuenta con la participación de varias instituciones, programas y universidades que se unen para formar la Alianza para La Lista Roja de la UICN, a saber: Birdlife International; Botanical Gardens Conservation International; Conservation International; Microsoft; NatureServe; el Real Jardín Botánico de Kew; Sapienza Università di Roma; la Universidad de Texas A&M; Wildscreen y la Sociedad Zoológica de Londres. El objetivo de la lista es catalizar acciones para la conservación de la biodiversidad. La lista proporciona información y análisis sobre el estado de las especies del mundo, los peligros y sus tendencias. Se basa en un sistema científico de evaluación de los riesgos de extinción de las especies que incluye información de los riesgos pasados, los enfrentados en el presente y la proyección futura. Esta colosal base de datos es vital para las iniciativas de prevención y abatimiento del riesgo de extinción de las especies—en algunos casos inclusive para su recuperación.

La lista cuenta con nueve categorías que se basan en información sobre la distribución geográfica, el tamaño y la estructura poblacional de las especies. Una vez que una especie ha sido evaluada (hasta ese momento se le considera "No Evaluada"), se le suma a una de las siguientes categorías.

Gymnocalycium neuhuberi
Huber's chin cactus/
Cacto gimnocalicio
CRITICALLY ENDANGERED/
EN PELIGRO CRÍTICO

MARTIN HAUSKRECHT

- **Critically Endangered, Endangered,** or **Vulnerable** (species that are considered "threatened")
- **Near Threatened** (species that are close to qualifying as threatened, or are likely to become so in the future)
- **Least Concern** (species of lesser concern that have been evaluated but do not qualify for the other categories; they include widespread and abundant taxa)
- **Extinct in the Wild** (species known to survive only in cultivation, in captivity, or as a naturalized population (or populations), well outside their traditional range)
- **Extinct** (species presenting no reasonable doubt that the last individual has died)

As The IUCN Red List celebrates its fiftieth anniversary, more than 73,000 species have been assessed, including most of the known species of amphibians, birds, mammals, angelfish, butterflyfish, crocodilians, freshwater crabs and crayfish, groupers, gymnosperms (including cycads and conifers), marine lobsters, mangroves, marine turtles, parrotfish, reef-building corals, seagrasses, sea snakes, sharks and rays, tunas and billfishes, wrasses, cacti, freshwater shrimps, and cone snails. The list tells us where action must be taken immediately to save species—the precious building blocks of nature—from extinction. Sadly, the list also reveals that today too many species face a severe threat to their existence.

The Many Contributions of The IUCN Red List

In addition to providing a systematic information source for factoring in the needs of species during a variety of decision-making processes, the Red List also guides scientific research. It plays an important role in informing decisions made by multilateral environmental agreements, and is often used as a guide to revise the appendices of agreements, such as the Convention on International Trade in Endangered Species (CITES) and the Convention on Migratory Species (CMS). The list's assessment of freshwater species has also contributed to the work of the Ramsar Convention in selecting sites that are important for freshwater biodiversity. Soon, the list will also contribute to the function of the Intergovernmental Science Policy Platform on Biodiversity and Ecosystem Services (IPBES) that aims to strengthen the science policy interface on biodiversity and ecosystem services in order to

- **Datos Insuficientes** (especies para las cuales no existe información adecuada para evaluar el riesgo de extinction.
- **En Peligro Crítico, En Peligro,** o **Vulnerable** (especies que se consideran como "amenazadas").
- **Casi Amenazada** (especies que están cerca de considerarse amenzadas o que tienen una alta probablidad de estarlo en el futuro).
- **Preocupación Menor** (especies de menor preocupación que han sido evaluadas pero que no califican dentro de las otras categorías; incluye taxones comunes y abundantes).
- **Extincta en Estado Silvestre** (especies que se sabe sobreviven solo en criadero o cautiverio o como parte de una población (o poblaciones) naturalizadas (fuera de su territorio tradicional).
- **Extincta** (especies para las que no existe duda razonable de que el último individuo ha muerto).

Al momento del cincuentenario de la Lista Roja, se han evaluado más de 73,000 especies, incluyendo a casi todas las especies conocidas de anfibios, aves, mamíferos, peces ángel y mariposa, cocodrilos, cangrejos y langostinos de agua dulce, meros, gimnospermas (incluyendo cicadáceas y coníferas), langostas marinas, mangles, tortugas marinas, peces perico, corales arrecifales, pastos marinos, serpientes marinas, tiburones, rayas, atunes y picudos, lábridos, cactus, camarones de agua dulce y caracoles cono. La lista indica los lugares en donde se debe actuar de manera inmediata para salvaguardar a las especies de la extinción. De manera angustiante, la lista también nos revela cómo hoy la existencia de muchas especies enfrenta riesgos inminentes.

Las múltiples contribuciones de La Lista Roja de la UICN

La lista, además de proporcionar información sistemática para los múltiples procesos de toma de decisiones, orienta la investigación científica y provee información pertinente a los acuerdos ambientales multilaterales. La lista a menudo es utilizada como guía para revisar los apéndices de acuerdos, como en el caso de la Convención para el Comercio Internacional de Especies Amenazadas (CITES) y la Convención sobre las Especies Migratorias (CMS). La evaluación de la lista sobre las especies de agua dulce también ha contribuido al trabajo de la Convención Ramsar para la selección de los sitios de importancia para la biodiversidad dulceacuícola. Pronto, la lista también contribuirá

improve decision making. One of the most important functions of the list is to reveal trends in the overall extinction risk of species and to provide tools for governments and others to track progress in reducing biodiversity loss.

Since 2008 the Global Environment Facility (GEF)—which is the funding mechanism of the Convention on Biological Diversity (CBD) and focuses on global environmental protection—has utilized the list to develop its resource-allocation framework. Other foundations and funding instruments, such as the Critical Ecosystem Partnership Fund (CEPF), Save Our Species (SOS), and Mohamed bin Zayed Species Conservation Fund (MBZSCF) also use the Red List assessments to guide their investments in conservation.

Several conservation-planning methodologies use the list to identify important sites for conservation, including Important Bird Areas, Important Plant Areas, and Alliance for Zero Extinction sites. For example, to be recognized in the Alliance for Zero Extinction, a site must contain at least one Endangered or Critically Endangered species. IUCN is currently developing a new standard—Key Biodiversity Areas (KBA)—to identify sites of global persistence for biodiversity that will combine all of these approaches.

The IUCN Red List can help guide environmental impact assessments. Its wealth of information on habitats and threats to species is used in biodiversity-management plans and site-rehabilitation programs. Combining conservation-planning analyses with information on threats from the Red List has also led to partnerships with industry to explore ways to promote more sustainable production with less detrimental impact on biodiversity. Initiatives of the petro-chemical, mining, aggregate, and financial industries, such as Net Positive Impact (NPI) and No Net Loss, benefit from access to information on the distribution of species and their conservation status. Health professionals also use the Red List to study the distributions of species that are known or suspected vectors of human and domestic animal diseases. This information helps researchers to develop models on predicted future occurrences of the diseases. The list's continuous amassment of new information generates significant media interest that results in hundreds of articles on the web and in newspapers and magazines. Television and radio also cover developments, helping to raise public awareness about the plight of species and the larger

en la operación de la Plataforma Intergubernamental de Ciencia y Políticas sobre Biodiversidad y Servicios Ambientales (IPBES) que busca el fortalecimiento de la intermediación de políticas científicas para el mejoramiento de la toma de decisiones en biodiversidad y servicios ambientales. Una de las funciones de mayor importancia de la lista es la de transparentar las tendencias generales de los riesgos de extinción y suministrar a los gobiernos con las herramientas para monitorear los progresos en la reducción de la pérdida de biodiversidad.

Desde 2008, el mecanismo de financiamiento de la Convención sobre la Diversidad Biológica (CBD) del Fondo para el Medio Ambiente Mundial (FMAM) ha venido utilizando la lista como marco para la asignación de fondos. Otras fundaciones o instrumentos de financiamiento como el Fondo de Alianzas para Ecosistemas Críticos (CEPF), Salvemos Nuestras Especies (SOS) y el Fondo de Conservación de Especies Mohamed bin Zayed (MBZSCF) también utilizan las valoraciones de La Lista Roja de la UICN para orientar sus inversiones en conservación.

Diversas metodologías para la planeación de la conservación utilizan la lista para identificar los sitios de conservación, como las Áreas Importantes para las Aves (IBA), la Áreas Importantes para las Plantas (IAP) y la selección de sitios de la Alianza para Cero Extinción. Esta última por ejemplo, debe presentar al menos una Especie en Peligro Crítico de La Lista Roja de la UICN para la selección de un sitio. Actualmente la UICN desarrolla un nuevo estándar—Áreas Claves de Biodiversidad—para identificar los sitios de persistencia global de biodiversidad que incorporará todas estas perspectivas.

La Lista Roja de la UICN puede orientar los estudios de impacto ambiental. Su vasta información sobre hábitats y amenazas a que están sujetas las especies es utilizada en los planes de manejo de biodiversidad y en los programas de rehabilitación. La combinación de los análisis y planeación de la conservación con la información de los peligros de la lista ha fomentado la alianza con el sector industrial para explorar maneras de promover una producción más sustentable y de menor detrimento de la biodiversidad. Las iniciativas de las industrias petroquímica, minera, de agregados y financiera como la de "Impacto Positivo Neto" (NPI) y la "iniciativa para evitar la pérdida neta" se han visto beneficiadas con la información de la distribución de las especies y su situación de conservación. Los profesionales de la

environmental issues surrounding them. Ultimately, this dissemination of information to build public awareness and support is the goal of The IUCN Red List. Looking back, and also ahead to the future, we can take pride in our efforts and achievements to bring attention to the plight of endangered species, but more important, to create the means for well-informed decisions and solutions that help protect our planet's precious biodiversity.

salud también hacen uso de la lista para estudiar la distribución de las especies sospechosas de ser vectores de enfermedades humanas y de animales domésticos. Esta información ayuda a los investigadores a desarrollar modelos de predicción de propagación de enfermedades. La constante compilación de información nueva en La Lista Roja de la UICN genera un importante interés de los medios de comunicación que tiene como resultado cientos de artículos en la red, periódicos y revistas. La radio y la televisión también emiten notas ayudando a elevar la conciencia pública sobre la situación de las especies y los asuntos medioambientales relacionados. Al final del día, la difusión de la información para incrementar el conocimiento y apoyo del público es la meta de La Lista Roja de la UICN. Viendo tanto al pasado como al futuro, podemos enorgullecernos de nuestros esfuerzos y logros, y con ello llamar la atención sobre la difícil situación que enfrentan las especies en peligro y aún más importante, para crear los instrumentos para la toma de decisiones bien informadas que ayuden a la protección de la invaluable biodiversidad de nuestro planeta.

Saiga tatarica
Mongolian saiga/
Antílope saiga
CRITICALLY ENDANGERED/
EN PELIGRO CRÍTICO

IGOR SHPILENOK/
WILD WONDERS OF EUROPE

More than 73,000 species have been assessed on *The IUCN Red List.*

This figure includes most of the known species of amphibians, birds, mammals, angelfish, butterflyfish, crocodilians, freshwater crabs and crayfish, groupers, gymnosperms (including cycads and conifers), lobsters, mangroves, marine turtles, parrotfish, reef-building corals, seagrasses, seasnakes, sharks and rays, tunas and billfishes, and wrasses.

The results are disturbing, with several species groups facing a severe threat of extinction.

Cycads	63%
Amphibians	41%
Conifers	34%
Reef-building corals	33%
Cacti	31%
Sharks and rays	31%
Freshwater crabs	31%
Mammals	25%
Groupers	18%
Birds	13%
Wrasses	4%
Lobsters	<1%
Freshwater shrimps	28%
Cone snails	8%

The services and economic value that species provide are irreplaceable and essential to our well-being. Unless we live within the limits set by nature and manage our natural resources sustainably, more and more species will be driven toward extinction. If we ignore our responsibility we will compromise our own survival.

JANE SMART
Director, IUCN Global Species Programme

Más de 73 mil especies han sido detalladas en *La Lista Roja de la UICN.*

Esta cifra incluye a las especies más conocidas entre los anfibios; aves; mamíferos; peces ángel escalar y mariposa; cocodrilos; langostinos de agua dulce; cangrejos; meros; gimnospermas (incluyendo cícadas y coníferas); langostas; mangles; tortugas marinas; peces perico; corales arrecifales; pastos marinos; serpientes de mar; tiburones y rayas; atunes; marlines y lábridos.

Los resultados son perturbadores y diversos grupos de especies enfrentan un severo peligro de extinción.

Cícadas	63%
Anfibios	41%
Coníferas	34%
Corales arrecifales	33%
Cáctus	31%
Tiburones y mantarayas	31%
Cangrejos de agua dulce	31%
Mamíferos	25%
Meros	18%
Aves	31%
Picudos	4%
Langostas	<1%
Langostinos de río	28%
Caracoles cono	8%

El valor de los servicios ambientales y económicos que estas especies aportan es irremplazable y esencial para nuestro bienestar. Si nosotros no nos mantenemos dentro de los límites que la naturaleza nos impone y no gestionamos el aprovechamiento sustentable de nuestros recursos naturales, más y más especies se extinguirán. Si ignoramos esta responsabilidad pondremos en riesgo nuestra propia supervivencia.

JANE SMART
Directora del Programa Global de Especies de la UICN

Procyon pygmaeus
Pygmy raccoon/Mapache enano de Cozumel
CRITICALLY ENDANGERED/
EN PELIGRO CRÍTICO

KEVIN SCHAFER

A HISTORY OF THE IUCN RED LIST

LA HISTORIA DE LA LISTA ROJA DE LA UICN

Early Beginnings

People have an inherent fascination for scarce plants, fungi, and animals, and as a result have been documenting the rarity of species for many centuries. But it was not until the late nineteenth century that there were signs of a growing awareness among a few farseeing individuals that the world's natural resources were limited and that unscrupulous exploitation of some species was driving them to extinction. Declines in species were reported in a number of publications early in the twentieth century, and despite their predominant focus on species that had already gone extinct, some of these publications can be considered ancestral to the IUCN Red Data Books (RDBs). William T. Hornaday, director of the New York Zoological Park, wrote one of these early works, *Our Vanishing Wildlife* (1913). Although largely overlooked, this book was essentially the first national Red Data Book (covering the USA). Similarly a paper by G. Dolman entitled "Mammals which have recently become extinct and those on the verge of extinction," published in 1937 in the *Journal of the Society for the Preservation of the Wild Fauna of the Empire* (the precursor of *Oryx–The International Journal of Conservation*), may well be the proto-Red Data Book for the mammals of the world. However, it was three publications produced by the American Committee for International Wildlife Protection (ACIWP), which can be considered the true precursors of the IUCN Red Data Book, and which were influential in the establishment and shaping of what was to become the IUCN Species Survival Commission (SSC).

John C. Phillips, an eminent American conservationist and chairman of the ACIWP, attended the London Convention for Protection of the Fauna and Flora of Africa in 1933. Phillips was so concerned by what

Los Orígenes

La fascinación innata que tenemos por las plantas, hongos y animales raros ha generado la documentación de especies poco comunes durante siglos. A finales del siglo XIX empezó a haber signos de una creciente preocupación entre algunas personas que observaron que siendo los recursos naturales finitos, la explotación sin escrúpulos de algunas especies estaba conduciéndolas a la extinción. A principios del Siglo XX, varias publicaciones reportaron la disminución de especies y a pesar de que se centraban en las especies ya extintas, a algunas de estas publicaciones se les puede considerar como antecesoras del Libro Rojo de Datos de la UICN (RDB, por sus siglas en inglés). Uno de estos trabajos pioneros fue *Our Vanishing Wildlife* (1913) de William T. Hornaday, director del Parque Zoológico de Nueva York. A pesar de haber pasado casi inadvertido, este libro fue el primero en recopilar datos a nivel nacional (con cobertura para los Estados Unidos). Igual suerte corrió la ponencia: "Mamíferos extintos recientemente y otros al borde de la extinción" publicada en el *Journal of the Society for the Preservation of the Wild Fauna of the Empire* (precursora *del Oryx–The International Journal of Conservation*) y que bien pudo haber sido el antecesor del RDB para los mamíferos del mundo. Sin embargo, fueron tres publicaciones del American Committee for International Wildlife Protection (ACIWP) las que pueden ser consideradas como las verdaderas precursoras del RDB y que fueron determinantes para el establecimiento y conformación de la Comisión de Supervivencia de Especies de la UICN (la SSC).

El eminente conservacionista americano John C. Phillips, presidente de la ACIWP asistió a la Convención para la Protección de La

Monachus schauinslandi
Hawaiian monk seal/
Foca fraile de Hawaii
CRITICALLY ENDANGERED/
EN PELIGRO CRÍTICO
AFLO/NATUREPL.COM

he had heard at the London meeting that through the auspices of ACIWP, he raised the funds to initiate projects to survey the status of extinct and vanishing mammals in the New and Old Worlds, led by Glover M. Allen and Francis Harper, respectively. This resulted in the publication of two pioneering works: *Extinct and Vanishing Mammals of the Western Hemisphere* by Allen (1942), followed by Harper's *Extinct and Vanishing Mammals of the Old World* (1945). A third volume, James C. Greenways' *Extinct and Vanishing Birds of the World,* was published later (1958). While these essentially scientific works were well known, a less familiar and largely overlooked volume was *Fading Trails: The Story of Endangered American Wildlife* (1942), by Daniel B. Beard. This more popular version included illustrations prepared by a committee of the United States Department of the Interior, National Park Service, and Fish and Wildlife Service.

Establishment of SSC and the Card Index

Harold "Hal" J. Coolidge, a founding member of ACIWP, was closely involved in producing the ACIWP books and wrote the forewords to the first volumes. Coolidge also became involved with the International Union for the Protection of Nature (IUPN), the original name for IUCN, when it formed in 1948 (he served IUCN in a variety of capacities, eventually serving as president from 1966 to 1972). In 1949 Coolidge presented a paper titled "Emergency action for the preservation of vanishing species" at the joint IUPN-UNESCO International Technical Conference on the Protection of Nature held at Lake Success, New York. In his paper, Coolidge recommended the establishment of an "International Survival Office" under the auspices of IUPN to coordinate information on vanishing species. The conference duly passed a resolution that IUPN should set up a "Survival Service" for "the assembling, evaluation, and dissemination of information on, and the study of, all species of fauna and flora that appear to be threatened with extinction, in order to assist governments and appropriate agencies in assuring their survival."

Coolidge was appointed the first chairman of the Survival Service (the forerunner to the Species Survival Commission or SSC), and J. M. Vrydagh was asked by IUPN to organize it. In October 1950, the IUPN's Second General Assembly was held in Brussels, and Vrydagh reported that Colonel Hoier of IUPN had started to update the Harper and Allen

Flora y Fauna Africana de Londres en 1933. Estaba tan preocupado por lo que había escuchado en esta reunión que mediante el auspicio del ACIWP incrementó los fondos para impulsar proyectos de sondeo del estado de desaparición y extinción de mamíferos en el Nuevo y en el Viejo Continente, dirigidos por Glover M. Allen y Francis Harper respectivamente. El resultado fue la publicación de dos trabajos pioneros: *Extinct and Vanishing Mammals of the Western Hemisphere* (1942), seguido por *Extinct and Vanishing Mammals of the Old World* (1945) de Harper. Un tercer volumen de James C. Greenways, *Extinct and Vanishing Birds of the World* fue publicado en 1958. Mientras que estos trabajos científicos fueron bastante reconocidos, el trabajo de Daniel B. Beard, *Fading Trails: The Story of Endangered American Wildlife* (1942) fue un libro menos conocido. Una versión ilustrada de este último fue preparada después por un comité del Departamento del Interior de los Estados Unidos, el Servicio Nacional de Parques y el Servicio de Pesca y Vida Silvestre de los Estados Unidos.

El establecimiento de la SSC y el Índice de Registros

Harold "Hal" J. Coolidge, miembro fundador de la ACIWP estuvo íntimamente involucrado en las publicaciones de la asociación y escribió los prólogos de los primeros volúmenes. Hal Coolidge también se involucró con la Unión Internacional para la Protección de la Naturaleza (UIPN), nombre original de la UICN a su fundación en 1948, sirviendo a la organización en múltiples capacidades y eventualmente como presidente de 1966 a 1972. En 1949, Coolidge presentó una ponencia titulada "Acciones de Emergencia para la Preservación de Especies en vías de Desaparición" en la Conferencia Internacional Técnica para la Protección de la Naturaleza de la IUPN y la UNESCO en Lake Success, Nueva York. En su presentación Coolidge recomienda el establecimiento de una Oficina Internacional de Supervivencia bajo los auspicios de la UIPN con el objeto de coordinar la información de las especies en vías de desaparición. La Conferencia pasó debidamente una resolución para que la IUPN formara un "Servicio de Supervivencia" para "la formación, evaluación y difusión de información sobre, y estudio de, todas las especies de fauna y flora que parecen estar amenazadas de extinción, y así asistir a los gobiernos y a las instancias pertinentes a garantizar su supervivencia".

Coolidge fue nombrado primer presidente del Servicio de

mammal records using a card index system; this was subsequently maintained by Jean-Jacques Petter at the Natural History Museum in Paris. It is interesting to note that Vrydagh indicated in his report that he did not have the resources to do much work on plants.

One of the outputs from the Lake Success meeting was an initial list of fourteen mammals and thirteen birds in need of action "if they are to be saved from extinction." Like most early listings, the selection included large, well-known animals, some of them only subspecies or local populations; one bird was subsequently found to be a hybrid. It might be argued that this was, in effect, the first IUCN Red List; however, Coolidge stressed in 1968 that his list was simply a few urgent "examples of endangered animals, to establish the fact that a problem existed and that remedial action was needed." By 1958 the list of mammals had grown only to twenty-six, despite the original Lake Success resolution for the IUPN to maintain "an open list" of rare and threatened animals. The task of maintaining the bird records had been handed over to the International Council for Bird Preservation (ICBP; forerunner of BirdLife International) at the Third IUPN General Assembly, held in Caracas, Venezuela, in 1952.

In 1958 at the Sixth General Assembly in Athens, Greece, Coolidge handed over leadership of SSC (it had become a full commission at the Fifth General Assembly in Edinburgh, Scotland, in 1956) to Lt. Col. C. Leofric Boyle. Boyle at the time was also secretary of the Fauna Preservation Society or FPS (now Fauna & Flora International), hence the activities of SSC and FPS were closely interwoven during that period. The status of many threatened species was documented in the FPS journal *Oryx,* with a significant contribution made by Lee Merriam Talbot in 1960. Talbot's article was a detailed report on threatened mammals in Asia, jointly published by FPS and ACIWP, as the latter had helped fund the research. The foreword was written by Hal Coolidge, then IUCN vice president.

In 1960 Boyle reported to the General Assembly in Warsaw, Poland, that in 1959 the London-based SSC Secretariat had started a card index of data on the thirty-four species of mammals that were then considered threatened (this was presumably a continuation of the Hoier/Petter card index). Details about the index were included in an appendix to the SSC report and formed a key step in the evolution of the IUCN RDBs. A further twenty-five mammals and an unspecified

Supervivencia (precursor de la SSC), y la UIPN le pidió a J.M. Vrydagh su estructuración. En Octubre de 1950 se sostuvo la Segunda Asamblea General de la UIPN en Bruselas, en donde Vrydagh reportó que el Coronel Hoier de la UIPN había dado inicio a la actualización de los registros de Harper y Allen sobre mamíferos utilizando un sistema de registros indexado, el cual fue continuado por Jean-Jacques Petter en el Museo de Historia Natural de París. Vrydagh indicó en su reporte que carecía de recursos para incluir plantas.

El resultado de la reunión de Lake Success fue una lista inicial de catorce mamíferos y trece aves que requerían de medidas "si han de ser salvados de la extinción". En esos primeros listados se seleccionó a grandes animales bien conocidos, algunos de los cuales eran subespecies y un ave que luego fue clasificada como híbrida. Se puede argumentar que ésta había sido la primera Lista Roja de la UICN; sin embargo en 1968, Coolidge remarcó que esta lista contenía una "muestra urgente de animales amenazados y que había sido elaborada con el objeto de establecer la existencia del problema y la necesidad de llevar a cabo medidas correctivas". Para 1959 la lista de mamíferos había crecido solo a veintiséis, a pesar de que la resolución de Lake Success indicaba a la Unión mantener "una lista abierta" de animales raros o amenazados. La tarea de conservar los registros de aves había sido traspasada al Consejo Internacional para la Preservación de las Aves (ICBP, precursor de BirdLife International) en la Tercera Asamblea General de la IUPN, realizada en Caracas, Venezuela en 1952.

En la Sexta Asamblea General de Atenas, Grecia, en 1958, Coolidge cedió el liderazgo de la SSC (fue nombrado comisionado en la Quinta Asamblea General en Edimburgo, Escocia, 1956) a C. Leofric Boyle, que era también secretario de la Sociedad para la Preservación de la Fauna (FPS, actualmente Flora & Fauna International). Esto promovió que las actividades de la SSC y la FPS estuvieron muy relacionadas. El estado que guardaban muchas especies amenazadas fue documentado en la revista de la FPS, Oryx, con la contribución de Lee Merriam Talbot en 1960 en un reporte detallado sobre los peligros que enfrentaban los mamíferos en Asia, publicado por la FPS y la ACIWP (esta última había apoyado el financiamiento de la investigación. El prefacio fue escrito por Hal Coolidge, entonces vicepresidente de la UICN.

En 1960 Boyle reportó a la Asamblea General en Varsovia, Polonia, que en 1959 el Secretariado de la SSC en Londres había iniciado un

following pages/
páginas siguientes (12–13)
Rhizocarpon geographicum
Map lichen/
Liquen geográfico
NOT EVALUATED/
NO EVALUADO
PETER CAIRNS/
NATUREPL.COM

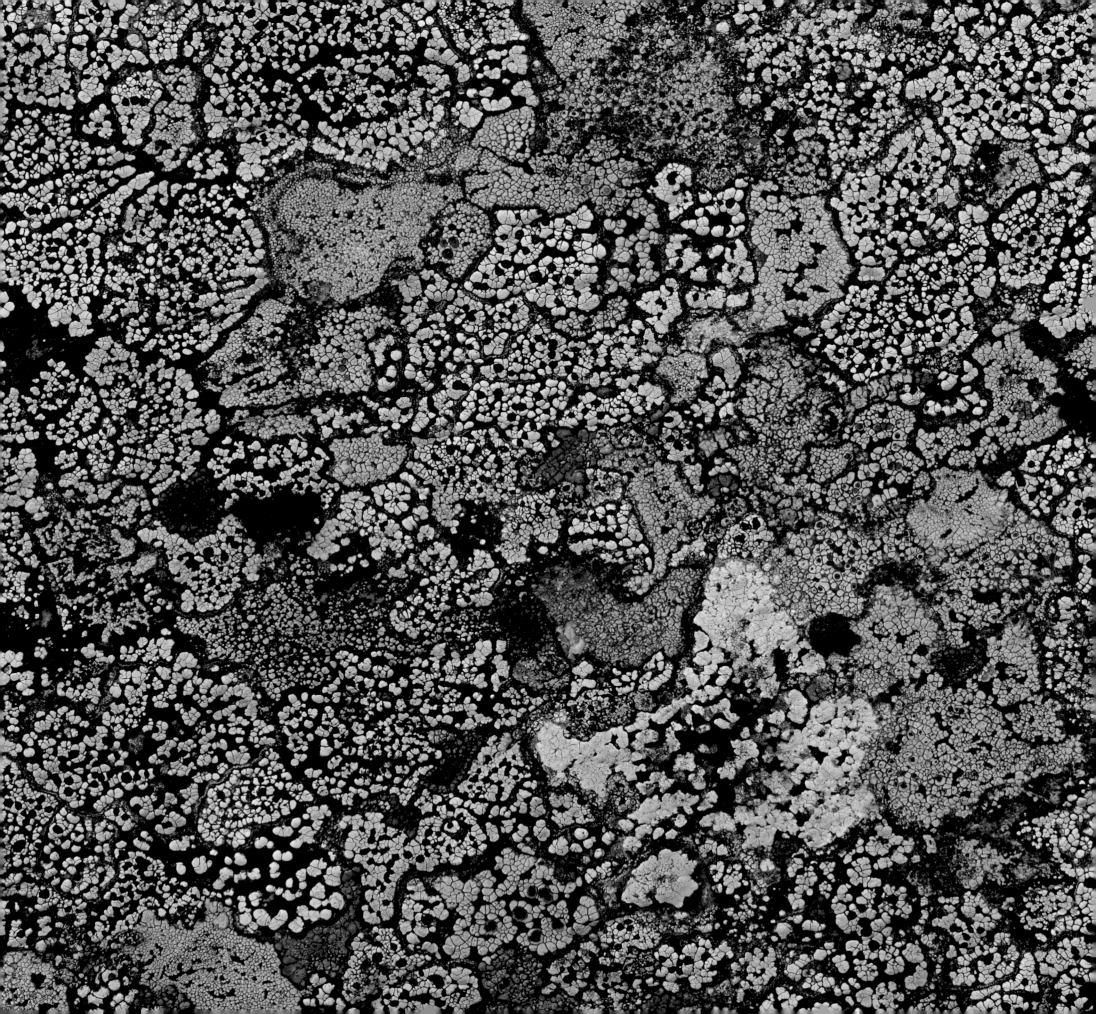

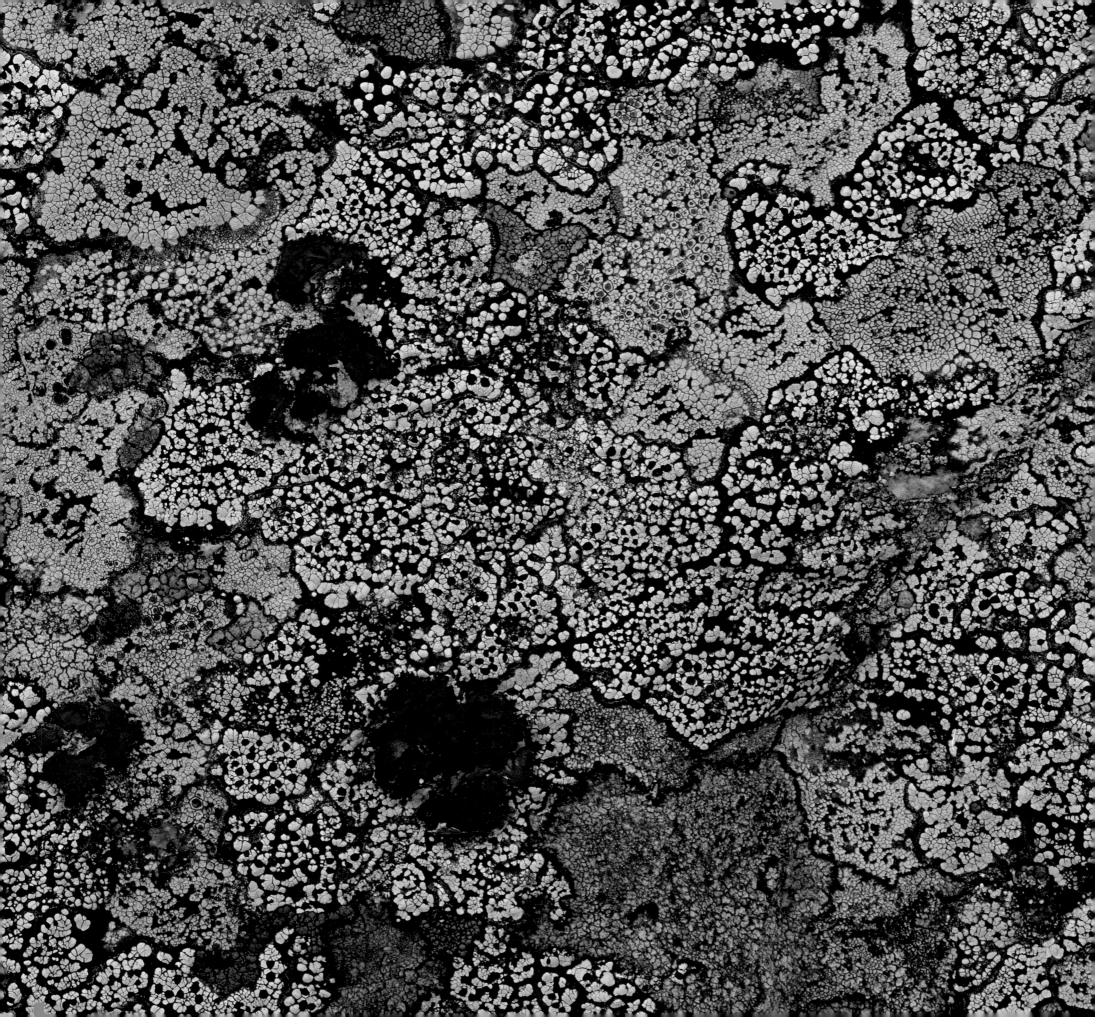

number of lemurs (the latter a result of Petter's fieldwork in Madagascar in 1957) were also listed for further consideration. At this early stage, Boyle organized the production of distribution maps for a number of species (they were included in the proto-Red Data Book, see below); however, it was to be many years before any maps were published in a Red Data Book (first in the Lemurs of Madagascar RDB published in 1990, and then not again until the 2004 IUCN Red List). ICBP also reported on the original thirteen birds on the Lake Success list, plus on the short-tailed albatross (*Phoebastria albatrus*), which had been added to the list in 1958. The ICBP also made suggestions for adding three other species, or seventeen birds in total.

From Card Index to Red Data Book

Between 1960 and 1962, Boyle's card index was transformed into a two-volume set of draft datasheets on threatened species. These volumes were derived from a typed manuscript and presented in loose-leaf format within red plastic binders. The draft volumes were dated 1962 and titled *Animals and Plants Threatened with Extinction.* They were not available for general circulation, and from the list of recipients for volume one, it appears that fewer than fifty were produced and only a handful are known to survive. Updates to the draft datasheets were apparently produced and circulated between 1962 and 1965, but John Burton, who has spent a considerable amount of time researching and documenting the early publication history of the IUCN RDBs, has been unable to locate a complete set of all the draft sheets produced, probably because most recipients did what they were instructed to do, and that was to remove and destroy the obsolete sheets. The updates circulated in March 1964 were printed on colored paper to indicate different degrees of threat. The authors of the datasheets included John H. Calaby, James Fisher, Ronald Melville, Noel Simon, and Jack Vincent.

While discussions about publishing the proto-Red Data Book were underway, a "List of Rare Birds" compiled by ICBP in collaboration with SSC was published as a supplement to the *IUCN Bulletin* (New Series) 10 (January/March 1964), and a "Preliminary List of Rare Mammals" compiled by the IUCN Operations Intelligence Centre (the forerunner of The IUCN Red List Unit) was published as a supplement to the *IUCN Bulletin* 11 (April 1964). About 10,000 copies of these supplements (7,000 in English and 3,000 in French) were produced

registro indexado con los datos de las treinta y cuatro especies de mamíferos considerados amenazados (presumiblemente una continuación del registro de Hoiler/Petter). Algunos detalles sobre el índice fueron incluidos en el apéndice del informe de la SSC, lo que constituyó un avance en la evolución del Libro Rojo de Datos de la UICN. Enseguida veinticinco mamíferos y un número indeterminado de lémures (resultado del trabajo de campo de Petters en Madagascar en 1957) fueron propuestos para su consideración. En este estadio temprano, Boyle organizó la producción y distribución de mapas con una serie de especies (incluidos en el proto-RDB, ver abajo); sin embargo, no fue sino hasta muchos años después que el Libro Rojo de Datos de la UICN publicó mapas (el primero de los lémures del RDB de Madagascar fue publicado en 1990 y de nuevo solo hasta la publicación de La Lista Roja de la UICN, en 2004). El ICBP también reportó las trece aves originales de la lista de Lake Success, además del albatros de Steller, que había sido incluido en la lista en 1959. El ICBP sugirió la adición de tres especies para un total de diecisiete.

Del Registro Indexado al Libro Rojo de Datos

Entre 1960 y 1962 el registro indexado de Boyle se transformó en dos volúmenes en borrador de fichas técnicas de especies amenazadas. Estos volúmenes derivados de un manuscrito fueron presentados en formato libre dentro de carpetas rojas. Los borradores fueron fechados en 1962, e intitulados *Animales y Plantas en Peligro de Extinción.* Los textos no estaban disponibles para su circulación general y de la lista original de destinatarios del volumen 1, que comprendían menos de 50 copias, solo sobreviven algunas. Aparentemente se llevaron a cabo algunas actualizaciones a las fichas técnicas que luego fueron circuladas en 1962 y 1965. John Burton, que invirtió una considerable cantidad de tiempo investigando y documentando la historia de las primeras publicaciones del Libro Rojo de Datos de la UICN no ha podido reunir un juego completo de todas las fichas técnicas, probablemente porque la mayoría de los usuarios siguieron las indicaciones de renovar y destruir las hojas obsoletas. Las actualizaciones distribuidas en Marzo de 1964 se imprimieron en papel de color que indicaban los grados de peligro. Entre los autores de las fichas se encuentran H. Calaby, James Fisher, Ronald Melville, Noel Simon y Jack Vincent.

Mientras se discutía la publicación del prototipo de RDB, fue

and distributed to IUCN members. These two supplements were the first most comprehensive and widely distributed lists of threatened species to be produced by IUCN, and therefore can be treated as the first official IUCN Red Lists; hence the use of 1964 as the birthdate of The IUCN Red List of Threatened Species. The two lists were subsequently consolidated into a single annotated "Preliminary List of Rare Mammals and Birds." Sir Peter Scott included the list as a chapter in *The Launching of a New Ark: First Report of the World Wildlife Fund,* published by the World Wildlife Fund (WWF) in 1965.

Sir Peter Scott is generally credited with inventing the Red Data Book concept in 1963; however, it is now clear that the concept was being researched and draft datasheets were being made available in red binders well before he became chair of SSC in 1963. Although the concept was not his brainchild, the title almost certainly was; Sir Peter Scott suggested the use of "Red" to indicate danger.

Finally, the prototype Red Data Books were formally published in 1966 to coincide with the Ninth General Assembly held at Lucerne, Switzerland. They were titled *Red Data Books* with volume one on mammals (by Noel Simon) and volume two on birds (by James Fisher and Jack Vincent). They were published as loose-leaf "specialist" editions, in A5-sized red plastic binders, with the same intention of updating them with replacement sheets at six-month intervals. The information was presented in the form of short, two-page reports summarizing the most up-to-date and reliable information on threatened species under a series of standardized headings, such as Status, Present Distribution, Former Distribution, Estimated Numbers, Reasons for Decline, Protective Measure Already Taken, Protective Measures Proposed, and so forth. The sheets also served to show at a glance what was not known and gaps that needed to be filled.

Volume three on amphibians and reptiles (by René Honegger) and volume four on freshwater fishes (by Robert Miller) were published in 1968, and volume five on flowering plants (by Ronald Melville through a collaboration with the Royal Botanic Gardens, Kew) in 1970. Updated and new datasheets were produced for these volumes during the period 1966 to 1981. John Burton attempted for several years to trace and document all the updates produced, but once again with no complete set available anywhere, this proved an impossible task.

In 1969 IUCN sponsored the publication of a popular version of the

publicada una "Lista de Aves Raras" compilada por la ICBP en colaboración con la SSC como un suplemento del Boletín de la UICN (New Series) 10 (Enero/Marzo, 1964), y una "Lista Preliminar de Mamíferos Raros" compilada por el Centro de Operaciones de Inteligencia de la UICN (predecesor de la Unidad para La Lista Roja de la UICN) fue publicada también como suplemento al Boletín 11 (Abril, 1964). El tiraje fue de 10,000 copias (7,000 en inglés y 3,000 en francés) que fueron distribuidas entre los miembros de la UICN. Estos dos suplementos constituyeron las primeras listas exhaustivas más ampliamente distribuidas de especies en peligro de extinción producidas por la UICN, y por lo tanto se les puede considerar oficialmente como las primeras Listas Rojas de la UICN, marcando 1964 como la fecha del nacimiento de La Lista Roja de la UICN de Especies en Peligro. Las dos listas fueron consolidadas en un "Lista Preliminar Anotada de Mamíferos y Aves Raros". Sir Peter Scoot incluyó la lista en su libro *The Launching of a New Ark: First Report of the World Wildlife Fund,* que fue publicado por el Fondo Mundial para la Naturaleza en 1965.

Generalmente se asigna a Sir Peter Scott la invención en 1963 del concepto del Libro Rojo de Datos, sin embargo sabemos que en realidad éste proviene de la distribución de las fichas de trabajo de investigación en carpetas rojas, mucho antes de que él presidiera la SSC en 1963. Si bien el concepto no fue de su creación, el título si lo es. Fue Scott quien sugirió el uso del calificativo Rojo para denotar peligro.

El prototipo del Libro Rojo de Datos fue finalmente publicado en 1966, coincidiendo con la Novena Asamblea General de Lucerna, en Suiza. Se intitularon *Red Data Book,* siendo el Volumen #1 sobre mamíferos (por Noel Simon) y el Volumen #2 sobre aves (por James Fisher y Jack Vincent). Se publicaron como una edición de hojas sueltas para "especialistas" encuadernadas en carpetas plásticas rojas tamaño media carta, con el mismo mecanismo de sustitución semestral de hojas actualizadas. La información era presentada de manera resumida en reportes ejecutivos con la información veraz más reciente sobre especies en peligro de extinción y usando encabezados estandarizados como Situación, Distribución Presente, Población Estimada, Motivos de Disminución, Medidas de Protección Tomadas, Medidas de Protección Propuestas, etc. Las fichas eran útiles también para mostrar de manera rápida lo que se desconocía y conceptos que aún era necesario recabar.

first Red Data Books under the title *The Red Book: Wildlife in Danger.* The authors included James Fisher, Noel Simon, and Jack Vincent, and most of the book was devoted to mammals and birds, with short sections on reptiles, fishes, and plants. The publication included paintings and drawings by Sir Peter Scott, and the foreword was once again written by Hal Coolidge (then president of IUCN).

During the mid to late 1970s, there was considerable discussion within SSC about the future of the Red Data Books, as the loose-leaf format was creating much confusion. The appearance in 1978 of the first bound volume, *The IUCN Plant Red Data Book* (by Gren Lucas and Hugh Synge), followed by a bound version of the revised *Bird RDB,* published by ICBP in 1981, set the scene for a major shift in approach. The new direction also involved a shift in the late 1970s from maintaining records on card indexes to the use of computers and electronic databases. An IBM "cmct" system linked to an IBM bureau was used initially, but as records rapidly increased and caused escalating costs, the data was migrated to a Wang VS system (recommended by Lee Talbot and implemented by Hugh Synge, under the leadership of Gren Lucas, and with financial support from the WWF). This system with subsequent upgrades (under Duncan Mackinder) was used to store all the data used in the RDBs until the late 1980s, when more sophisticated systems, including computerized mapping, were introduced.

In 1976 IUCN and SSC appointed Jane Thornback as the compiler of the *Mammal RDB.* Soon after, Thornback relocated to Cambridge to form the nucleus of the Species Conservation Monitoring Unit (SCMU), part of IUCN's Conservation Monitoring Centre in Cambridge (the forerunner to the World Conservation Monitoring Centre or WCMC, now UNEP-WCMC). The development of WCMC, although closely linked to The IUCN Red List, is another story and not covered here. The first publication from the new unit appeared in 1982: *The IUCN Mammal Red Data Book. Part 1: Threatened mammalian taxa of the Americas and the Australasian zoogeographic region (excluding Cetacea),* compiled by Jane Thornback and Martin Jenkins. This marked the start of the production of ten bound Red Data Books focusing on different taxonomic groups and even geographic regions. The last RDB to be produced in this series was *Threatened Birds of the Americas* (by Nigel Collar and coworkers), published in 1992 jointly by ICBP and IUCN (although the *Threatened Birds of Asia,* published by BirdLife

El Volumen #3 sobre anfibios y reptiles (por René Honegger) y el Volumen #4 sobre peces de agua dulce (por Robert Miller) fueron publicados en 1968 y el Volumen #5 sobre plantas angiospermas (por Ronald Melville con la colaboración del Real Jardín Botánico de Kew) fue impreso en el año de 1970. Luego se produjo la actualización de nuevas fichas técnicas para estos volúmenes durante el periodo de 1966 a 1981. En 2003, John Burton intentó reunir todas las actualizaciones, sin poder obtener ningún juego completo.

Durante 1969 la UICN patrocinó la publicación de una versión popular del primer Libro Rojo de Datos con el título *The Red Book: Wildlife in Danger.* Entre los autores están James Fisher, Noel Simon y Jack Vincent. El libro versa principalmente sobre mamíferos y aves con algunas secciones breves sobre reptiles, peces y plantas. La publicación incluía pinturas y dibujos de Sir Peter Scott y el prólogo fue de nuevo escrito por Hal Coolidge (entonces presidente de la UICN).

De mediados a finales de los setentas se presentó una considerable discusión dentro de la SSC acerca del futuro de los Libros Rojos de Datos, pues el formato de hojas sueltas estaba generando mucha confusión. La aparición en 1978 del primer volumen empastado, *The IUCN Plant Red Data Book* (por Gren Lucas y Hugh Synge), seguida de otra versión similar de *Birds RDB*, publicada por ICBP EN 1981, sentó las bases para un cambio en las formas. La nueva dirección también involucró una modificacíon hacia finales de los setentas con el cambio de las tarjetas indexadas de registro al uso de computadoras y bases electrónicas de datos. Inicialmente se utilizó un sistema "cmct" de IBM conectado a la agencia IBM, pero al aumentar rápidamente los registros, los costos también subieron y la información fue migrada a un sistema Wang VS (recomendado por Lee Talbot e implementado por Hugh Synge, bajo la dirección de Gren Lucas y el apoyo financiero del Fondo Mundial para la Naturaleza). Este sistema con las actualizaciones subsecuentes (supervisadas por Duncan Mackinder) fue utilizado para respaldar toda la información utilizada en los Libros Rojos de Datos hasta finales de los ochentas, cuando fue introducido un sistema más sofisticado que incluía un sistema de información geográfica.

En 1976 la UICN y el SSC nombraron a Jane Thornback como compilador del *Mammal RDB.* Poco después Thornback conformó el núcleo de la Unidad de Monitoreo para la Conservación de Especies (SCMU, por sus siglas en inglés) en Cambridge que se convertiría

Cavia intermedia
Santa Catarina's guinea pig/
Chanchito de las Indias
CRITICALLY ENDANGERED/
EN PELIGRO CRÍTICO
LUCIANO CANDISANI

International in 2001, could, arguably, be considered the last in that series due to its similar format and origins).

It should be clarified at this stage that all the lists and Red Data Books produced by IUCN and its partners between 1949 and 1968 used a variety of qualitative phrases and categories (referred to as the Red List Categories) to describe the status of species. In 1969 there was an attempt to standardize the approach and four categories were adopted (Endangered, Rare, Depleted, and Indeterminate). These groupings were revised in 1972 to Endangered, Vulnerable, Rare, Out of Danger, and Indeterminate; other categories were added in subsequent editions and included Extinct, Insufficiently Known, Commercially Threatened, and Not Threatened. These categories remained in use by IUCN for animals until 1994, and for plants until 1998.

From Red Data Book to Red List

In the early 1980s, questions again arose about the future of the Red Data Books. One report described the books as "increasingly becoming the biological equivalent of the Forth Bridge, where repainting has to start at one end as it is finished at the other." SSC convened a symposium in Madrid in November 1984 entitled "The Road to Extinction." The program's main focus was to analyse and synthesize the principles involved in extinction processes in order to come up with a better system of categories. The symposium also discussed the future of the RDBs. The issues with the Red List Categories were not resolved, but it was agreed that production of the publications should continue. It was also decided that there should be a significant shift away from using the detailed species datasheets of the Red Data Book to using simpler Red Lists containing reduced information (scientific name, common names, Red List Category, and range countries) and with all animals combined into a single volume. This new approach was intended to significantly reduce the costs of compilation and production and thus enable more frequent updates. The first of the new series was published as the *1986 IUCN Red List of Threatened Animals,* with subsequent updates published in 1988, 1990, and 1994 (all compiled by Brian Groombridge and other WCMC staff). Work on the plant volume was also ongoing, and the *1997 IUCN Red List of Threatened Plants* (edited by Kerry Walter and Harriet Gillett at WCMC) was finally published in 1998, twenty years after the *Plant Red Data Book.*

más tarde en un centro con el mismo nombre, precursor del Centro de Monitoreo de la Conservación Mundial o WCMC, ahora UNEP-WCMC. El desarrollo de WCMC, a pesar de estar relacionado con La Lista Roja de la UICN, es parte de otra historia que no relataremos aquí. La primer publicación de la nueva unidad apareció en 1982: *The IUCN Mammal red Data Book. Part 1 threatened mammalian taxa of the Americas and the Australasian zoogeographic region (excluding Cetacea),* compilada por Jane Thornback y Martin Jenkins. La anterior marcó el inicio de la producción de diez RDB empastados, centrados en diferentes grupos taxonómicos por regiones geográficas. El último RDB de esta serie fue *Threatened Birds of the Americas* (por Nigel Collar et al.), publicado en 1992 por ICBP y la UICN—aunque pudiera también considerarse que *Threatened Birds of Asia,* publicado por BirdLife International en 2001, fue el último de esa serie debido a la similitud de formato y origen.

En este momento resulta prudente aclarar que todas las listas y los Libros Rojos de Datos producidos por la UICN y sus asociados entre 1949 y 1969 utilizaron una gran cantidad de frases y categorías cualitativas (conocidas como las Categorías de la Lista Roja) para describir el estado que guardaban las especies. En 1969 se realizó un intento de estandarización de las aproximaciones y se adoptaron cuatro categorías únicas (especies Extintas, Raras, Escasas e Indeterminadas). Esta clasificación fue revisada en 1972 aumentando las categorías a Especies en Peligro, Vulnerables, Raras, de Menor Riesgo e Indeterminada; en ediciones subsecuentes se incluyeron las categorías de especies Extintas, Insuficientemente Documentadas, Amenazadas por Comercio y No Amenazadas. Estas categorías fueron utilizadas por la UICN para animales hasta 1994, y para las plantas hasta 1998.

De Libro Rojo de Datos a La Lista Roja de la UICN

A principio de los ochentas se empezó a cuestionar de nuevo el futuro de los Libros Rojos de Datos. Un informe describe a estos como los libros que "cada vez más se convierten en el equivalente biológico del Puente Forth, que requiere ser pintado de nuevo por un lado cuando se termina de pintar en el otro". La SSC celebró un simposio en Madrid en Noviembre de 1984 denominado "The Road to Extinction". El tema central era el análisis y síntesis de los principios que intervienen en el proceso de extinción con el objeto de obtener un mejor sistema de clasificación. En el simposio se discutió también el futuro de los Libros

There were pressures on IUCN to produce a more popular version of the Red Lists, so that in 1994 the SSC teamed up with Gale Research Inc. to publish the *Encyclopedia of Endangered Species.* The encyclopedia provided accounts for more than seven hundred animals and plants that were threatened with extinction at the time. Members of the SSC and partner organizations contributed the information in the accounts. Unfortunately, given the size of the publication (more than 1,200 pages) and the limited number of black-and-white photographs, the book had little public appeal and was soon forgotten.

A Quantitative System for Estimating Extinction Risk

The review of the Red List Categories was reinitiated by the SSC in 1989 when it commissioned Georgina Mace and Russell Lande to produce a discussion paper (published in *Conservation Biology* in 1991) outlining a new approach. A workshop to examine this approach and alternatives was held at the Zoological Society of London in 1992, which resulted in the production of a draft new system of Red List Categories defined by quantitative criteria. A period of widespread consultation and testing of the new system followed, and the final quantitative system of IUCN Red List Categories and Criteria was adopted by the IUCN Council in 1994. The first real application of the new system was carried out by Nigel Collar, Mike Crosby, and Alison Stattersfield who produced *Birds to Watch 2: The World List of Threatened Birds* (published by BirdLife International in 1994). The new system was then used to produce the *1996 IUCN Red List of Threatened Animals* (compiled and edited by Jonathan Baillie and Brian Groombridge), and again in 1998 with *The World List of Threatened Trees* (compiled by Sara Oldfield, Charlotte Lusty, and Amy MacKinven of WCMC).

The *1996 IUCN Red List of Threatened Animals* was launched at the First IUCN World Conservation Congress held in Montréal, Canada, in 1996. This publication marked a major turning point in Red List history, because, for the first time, the conservation status of all bird and mammal species worldwide (rather than just the better-known or more charismatic species) were considered and included in a single volume. The list also included for the first time listings for a number of commercial marine fish species, which prompted an outcry from the fisheries sector. This community argued that the listings were incorrect, and that the Red List Criteria did not take into account the practices of

Rojos de Datos. Los problemas con las categorías de la lista no habían sido resueltos, aunque se acordó que su publicación debería continuar. También se decidió que el formato tipo ficha técnica detallada se convirtiera en un listado más sencillo con información resumida de las especies (nombre científico, nombres comunes, la categoría de La Lista Roja de la UICN y los países en donde se encuentra) y que incluyera a todos los animales en un solo volumen. Este nuevo enfoque buscaba reducir los gastos de compilación y producir actualizaciones más frecuentes. El primero de la nueva serie se publicó como: *1986 IUCN Red List of Threatened Animals* que fue actualizada en 1988, 1990 y en 1994 (todas compiladas por Brian Groombridge y personal de WCMC). Ell volumen sobre plantas intitulado: 1997 IUCN Red List of Threatened Plants (editado por Kerry Walter y Harriet Gillett, de WCMC) fue publicado en 1998, veinte años después le la aparición del Libro Rojo de Datos de las Plantas.

En ese momento surgieron presiones para que la UICN produjera una versión más popular de la lista, por lo que en 1994 la SSC se alió con Gale Research Inc. y publicaron la *Encyclopedia of Endangered Species.* Ésta reunía a más de seiscientos plantas y animales que entonces estaban en peligro de extinción. La información fue proporcionada por miembros de la SSC y otras organizaciones. Desafortunadamente, debido al tamaño de la publicación (más de 1,200 páginas y con un gran número de imágenes en blanco y negro), el libro obtuvo poco interés del público y pronto se olvidó.

Un Sistema Cuantitativo para Evaluar el Riesgo de Extinción

En 1989 se reinició la revisión de las Categorías de la Lista Roja por el SSC y se comisionó a Georgina Mace y a Russell Lande a trabajar en un documento (publicado en *Conservation Biology* en 1991) que esbozara el nuevo enfoque. En 1992 se sostuvo un taller para examinar la propuesta y sus alternativas en la Sociedad Zoológica de Londres, dando como resultado un avance del nuevo sistema de criterios cuantitativo para las Categorías de la Lista Roja. Le siguió un periodo de prueba y consulta para que finalmente el Consejo de la UICN adoptara en 1994 el nuevo sistema cuantitativo de Categorías y Criterios de La Lista Roja de la UICN. La primera aplicación real de este nuevo sistema se llevó a cabo por Nigel Collar, Mike Crosby y Alison Stattersfield quienes prepararon *Birds to Watch 2: the World List of Threatened Birds*

marine fisheries and the dynamic nature of the oceans. The fisheries lobbied their governments and other IUCN members, which resulted in a resolution being passed by Congress requesting IUCN to review the Red List Categories and Criteria. In particular they were requested to ensure that the system was appropriate to the broadest possible range of taxonomic groups; that it took into account marine fish species and the dynamic nature of marine ecosystems; that it considered species under management programs; and that it considered the time frames over which declines are measured.

The criteria review process ran from 1997 to 2000 and involved several workshops and widespread consultation with all interested and affected parties. A revised system was developed and approved by the IUCN Council in February 2000, with the outcomes reported back to the Second IUCN World Conservation Congress in October 2000. The revised system was published in 2001 and is still in use today. A key decision from the review process was to keep the revised system stable to enable genuine changes in species status to be detected rather than to have them obscured by constant modifications to the criteria. Any unresolved issues or new issues that arose in relation to the categories and the application of the criteria would instead be addressed through a set of comprehensive guidelines that underwent periodic updating.

The IUCN Red List Joins the Electronic Age

In 1998 IUCN and SSC decided to establish a Red List Unit within the IUCN Species Programme to oversee the compilation and production of The IUCN Red List. They also appointed a Red List Committee involving the key partners to provide the necessary oversight and future strategic development of the Red List (the relationship with key partners was formalized initially through the creation of a Red List Consortium in 2000 and later re-formed as the IUCN Red List Partnership in 2010). Under the auspices of these new arrangements, it was agreed that the production of hard-copy publications of the Red List was a drain on resources and that instead, the electronic medium of the Internet (the World Wide Web) should be used together with an underlying species database (the Species Information Service; which was first proposed at the SSC meeting during the First World Conservation Congress in 1996). The *1996 IUCN Red List of Animals* and the *1997 IUCN Red List of Threatened Plants* had in fact paved the

(publicado por BirdLife International en 1994). Luego el sistema fue utilizado para producir la *1996 IUCN Red List of Threatened Animals* (editada por Jonathan Baille y Brian Groombridge), y de nuevo en 1998 con *The World List of Threatened Trees* (compilada por Sara Orldfield, Charlotte Lusty y Amy MacKinven, de WCMC).

Durante el Primer Congreso de Conservación Mundial de la UICN que tuvo lugar en Montreal, Canadá en 1996, se presentó *1996 IUCN Red List of Threatened Animals*. Esta publicación marcó un hito en la historia de la lista porque por primera vez el estado de conservación de todas las especies de aves y mamíferos del mundo fueron consideradas e incluidas (no solamente las especies más conocidas o carismáticas) en un solo volumen. En esta lista también por primera vez se enlistaron un gran número de especies comerciales de peces marinos, lo que provocó una protesta del sector pesquero, argumentando que la lista era incorrecta y que los criterios de la lista no consideraban las prácticas de las pesquerías marinas ni la dinámica natural de los océanos. El sector pesquero hizo cabildeo con sus gobiernos estatales y con otros miembros de la UICN, obteniendo una resolución aprobada por el Congreso de los Estados Unidos para revisar las Categorías y Criterios de La Lista Roja de la UICN. En particular, el sector pesquero solicitó que el sistema fuese adecuado a un rango lo más amplio posible de grupos taxonómicos; que considerase a las especies de peces marinas dentro de la dinámica natural de los ecosistemas marinos; que considerase las especies manejadas en programas; y que considerase el momento adecuado para la medición de las bajas poblacionales.

El proceso de revisión de los criterios tomó de 1997 hasta el año 2000, constando de varios talleres y consultas abiertas con todos las partes interesadas y afectadas. Se desarrolló un sistema corregido y aprobado por el Consejo de la UICN en Febrero del 2000 y los resultados fueron expuestos en el Segundo Congreso de la UICN para la Conservación Mundial, en Octubre de 2000. El sistema corregido fue publicado en 2001 y es el mismo que se utiliza hoy en día. Una decisión clave del proceso de revisión fue la de conservar estable el sistema, posibilitando solo cambios acreditados en la condición de las especies para evitar confusiones derivadas de los constantes cambios en los criterios. Cualquier tema novedoso o no resuelto relacionado con las categorías y criterios aplicados serían resueltos mediante un conjunto de pautas generales que se actualizarían de manera periódica.

Erigeron incertus
Hairy daisy/
Margarita hierba de gato
ENDANGERED/
EN PELIGRO
PETE OXFORD

way for this, as they were the first Red List publications to be made available on the Internet using online searchable databases. These were produced by WCMC, but had limited searching capacity, and downloads were limited to fifty records; these resources were closed down in 2000 and 2005, respectively.

The rationale for moving the publication of The IUCN Red List to the Internet was that it would make the information more broadly available, it would allow for more frequent updates at reduced costs, and it would enable plant and animal assessments to be combined into a single list. In addition, because printing costs were no longer a limitation, it meant that each species' listing could be broadened once again to include all the supporting documentation under similar headings, as in the earlier Red Data Books. The resulting "Species Fact Sheets" have grown steadily since 2000 and now match or even exceed the levels of information provided on the species datasheets in the original IUCN Red Data Books. The wealth of information provided on the Species Fact Sheets not only supports the Red List assessment but provides key information for helping to guide and inform conservation policy and actions. The IUCN Red List had returned to its original intention, clearly articulated by Hal Coolidge in 1968: "[T]he compilation of the Red Data Book was never visualized as a purely academic exercise. Its purpose all along has been strictly utilitarian; its aim being to utilize the assembled data in a way that will assist, in a practical manner, to remedy the situations described in the individual datasheets. What one might therefore term the 'second phase' of the project involves the translation of the substance of the Red Data Book material into a series of action programs."

The *2000 IUCN Red List of Threatened Species* was the first IUCN Red List to be released online (www.iucnredlist.org). Subsequent updates were released in 2002, 2003, 2004, 2006, 2007, 2008, two updates in 2009, and four updates in 2010. Since 2011 two updates per year have been released, and the intention is to move toward a system of more frequent updating.

In place of the printed Red Lists, analyses of the Red List have been published (in hard copy and electronically) for release at the IUCN Congresses in 2000 (*2000 IUCN Red List of Threatened Species*), 2004 (*2004 IUCN Red List of Threatened Species: A Global Species Assessment*), and 2008 (*Wildlife in a Changing World: An Analysis of*

La Lista Roja entra a la Era Digital

En 1998 la UICN y SSC decidieron constituir la Unidad de la Lista Roja dentro del Programa de Especies con el objeto de supervisar la compilación y producción de la lista, nombrando a un Comité para la Lista Roja que involucrase asociados claves para dotar del control necesario para el desarrollo estratégico futuro de La Lista Roja de la UICN (la relación de los asociados claves inicialmente se formalizó mediante la creación del Consorcio de la Lista Roja en 2000, reconstituida luego en la Alianza de La Lista Roja de la UICN en 2010). Bajo el auspicio de esta nueva organización, se acordó que las publicaciones impresas de la lista que requerían de grandes recursos deberían de ser sustituidas con medios electrónicos de la internet (WWW) respaldadas por una base de datos subyacente (el Servicio de Información de Especies propuesto por primera vez en un encuentro de la SSC durante el Primer Congreso Mundial de Conservación en 1996). De hecho, las publicaciones *1996 Red List of Animals* y *1997 IUCN Red List of Threatened Plants* habían trazado el camino para que esto tuviera lugar pues habían sido publicadas en internet utilizando una base de datos con funciones de búsqueda en línea. Estas bases fueron producidas por WCMC, aunque con el inconveniente de que la capacidad de búsqueda era limitada y solo era posible descargar 50 registros; estas fuentes fueron cerradas en 2000 y 2005 respectivamente. Las razones para transportar la publicación de La Lista Roja de la UICN al internet fueron que se le tendría una mayor disponibilidad de la información, una mayor capacidad de actualización a menor costo y se haría factible combinar en una sola lista las valoraciones para plantas y animales. Sumado a esto y porque los costos de impresión habían dejado de ser una limitante, esto significaba que cada especie podía ser ampliada de nuevo incluyendo la documentación de soporte y con un formato similar al del anterior Libro Rojo de Datos. La resultante "Ficha Técnica de Especies" ha crecido con regularidad desde el año 2000 y actualmente iguala o excede la información original del Libro Rojo de Datos de la UICN. La abundancia de información contenida en la Hoja Informativa de Especies no solo da soporte a las evaluaciones de la lista, sino que además proporciona información clave para las políticas y para las medidas de conservación. La Lista Roja de la UICN que había regresado a su objetivo inicial, el cual había sido expresado claramente en las palabras de Hal Coolidge en 1968: "...la compilación del Libro Rojo

the 2008 IUCN Red List of Threatened Species). The Zoological Society of London in collaboration with IUCN and SSC has also published two reports focusing on specific groups of taxa: *Evolution Lost: Status and Trends of the World's Vertebrates* (2010), and *Spineless: Status and Trends of the World's Invertebrates* (2012). To promote The IUCN Red List to a wider audience a "photo-rich" popular version, *The Red Book: The Extinction Crisis Face to Face,* was published in collaboration with CEMEX in 2001. This was followed by *Species on the Edge of Survival* (2011), a compilation of the Species of the Day profiles produced in 2010 to celebrate the International Year of Biodiversity, and *Priceless or Worthless* (2012), a joint publication of the Zoological Society of London and IUCN, which focused on one hundred of the most threatened animals, plants, and fungi on the planet. In 2005 IUCN started publishing a series of regional Red List assessment reports; twenty-four of these have been produced to date and more are coming in the near future. Specific Red Lists were also published for taxonomic groups such as amphibians and birds. The *Threatened Amphibians of the World* was published in 2008 by Lynx Edicions in conjunction with IUCN, Conservation International, and NatureServe. BirdLife International published *Threatened Birds of the World* in 2000, also in collaboration with Lynx Edicions; however, they also then shifted to using the Internet for the subsequent bird updates and used their published annual reports, *State of the World's Birds,* to focus instead on analyses of the bird data and the conservation outcomes. In addition to the above, hundreds of scientific papers have been published on a wide range of issues concerning The IUCN Red List, such as the Red List methodology, the results for particular groups assessed, the new and emerging threats, and the conservation responses to the Red List, to name a few.

The IUCN Red List: A Barometer of Life

Since its early beginnings in 1949, The IUCN Red List has come a long way from a simple typescript list of fourteen mammals and thirteen birds to an increasingly comprehensive and data-rich electronic compendium covering over 73,000 species, subspecies, and subpopulations (as of November 2013). The original concept, or vision, for the list can be attributed to John C. Phillips, but it was Hal Coolidge who produced the initial draft list and turned it into a reality,

de Datos nunca se visualizó como un ejercicio puramente académico. Su propósito siempre ha sido utilitario; siendo su objetivo la utilización de su información de una manera práctica para la remediación de las situaciones descritas en las hojas individuales de trabajo. Lo que pudiésemos considerar la segunda fase de este proyecto implica la traducción de la sustancia del material del Libro Rojo de Datos en una serie de programas de acción".

La primer lista publicada en internet fue: *2000 IUCN Red List of Threatened Species* (www.iucnredlist.org). Posteriormente se realizaron subsecuentes actualizaciones en 2002, 2003, 2004, 2006, 2007, 2008, dos actualizaciones en 2009 y cuatro en 2010. Desde 2011 se hicieron dos actualizaciones anuales con la intención de establecer a un sistema de actualización de mayor frecuencia.

En el lugar de las listas impresas se publicaron análisis (de manera electrónica e impresa) para ser entregados a los Congresos de la UICN del año 2000 (*2000 IUCN Red List of Threatened Species*), en 2004 (*2004 IUCN Red List of Threatened Species: A Global Species Assessment*), y en 2008 (*Wildlife in a Changing World: An Analysis of the 2008 IUCN Red List of Threatened Species*). La Sociedad Zoológica de Londres en colaoración con la UICN y el SSC también publicaron dos reportes enfocados a grupos taxonómicos específicos: *Evolution Lost: Status and Trends of the World's Vertebrates* (2010), y *Spineless: Status and trends of the world's invertebrates (2012).* Con el objeto de promover y difundir La Lista Roja de la UICN a un público más grande, en 2001 se publicó en colaboración con CEMEX *El Libro Rojo: La Crisis de la Extinción, Cara a Cara.* Le siguieron *Species on the Edge of Survival* (2011), una compilación de perfiles de especies actuales producida en 2010 con motivo de la celebración del Año Internacional de la Biodiversidad. Luego se publicó *Priceless or Worthless* (2012), una publicación conjunta de la Sociedad Zoológica de Londres y la UICN, que se enfocó en los cien animales, plantas y hongos bajo el mayor riesgo sobre el planeta. En 2005, la UICN inició la publicación de una serie de reportes de estudios regionales de la lista. A la fecha se han producido veinticuatro y otros vendrán en el futuro próximo. También se publicaron Listas Rojas para grupos taxonómicos como anfibios y aves. *Threatened Amphibians of the World* fue publicada en 2008 por Lynx Editions, junto con UICN; a pesar de esto, también ellos migraron a internet para las actualizaciones de aves y utilizaron su

 EN

Chelonia mydas
Green turtle/Tortuga verde
ENDANGERED/EN PELIGRO

FRANCIS PÉREZ

24

with Sir Peter Scott branding it the "Red Data Book" or "Red List." The Red List Categories and Criteria used for assessments today have their origins in the pioneering work of Georgina Mace and Russell Lande. The compilation and production of the IUCN Red Data Books and Red Lists over the years has involved too many people to recognize individually here, although many of the personalities involved in the earlier RDBs and Red Lists have been mentioned above. The Red List process has become a massive enterprise involving the IUCN Global Species Programme staff, partner organizations, and a vast network of scientists and experts in the IUCN Species Survival Commission and partner networks who contribute all the necessary species information to make the Red List the premier product it is today.

The IUCN Red List Partnership has developed a ten-year Strategic Plan for the IUCN Red List (2010-2020), which aims to increase the taxonomic coverage of the Red List, to enhance the infrastructure supporting the production of the Red List, and to make the data widely and easily available for better conservation and policy decisions. The target is to make The IUCN Red List a more complete "barometer of life."

CRAIG HILTON-TAYLOR
Head, Red List Unit, IUCN Global Species Programme

publicación anual de reportes *State of the World's Birds* para enfocarse en el análisis de la información y en los resultados de las medidas para la conservación. Además, se han publicado cientos de artículos científicos sobre muchos temas relacionados con la lista, como su metodología, los resultados para los grupos valorados, las amenazas nuevas y las emergentes, o la respuesta conservacionista.

La Lista Roja de la UICN, un Barómetro de la Vida

Desde su inicio, La Lista Roja de la UICN ha crecido de una simple lista mecanografiada de cuarenta mamíferos y trece aves, a ser un compendio electrónico de información para más de 73,500 especies, subespecies y subpoblaciones. La visión o concepto original se puede atribuir a John C. Phillips, pero en realidad fue Hal Coolidge quien produjo la lista inicial y acuñó, junto con Sir Peter Scott, la denominación de "Libro Rojo de Datos", o la "Lista Roja". Los Criterios y Categorías de la Lista Roja utilizados hoy día para las valoraciones tienen sus orígenes en los trabajos de Georgina Mace y Russell Lande. La compilación y producción del Libro Rojo de Datos de la UICN por muchos años ha involucrado a demasiadas personas como para reconocerles aquí su trabajo de manera individual, aunque muchas de las personalidades involucradas en los trabajos tempranos ya han sido mencionadas. Los procesos de la lista se han convertido en una empresa masiva que involucra al personal del Programa Global de Especies de la UICN, a organizaciones aliadas y a una vasta red de científicos y expertos de la Comisión de Supervivencia de Especies de la UICN y redes asociadas, que contribuyen con toda la información sobre especies necesaria para convertir a La Lista Roja de la UICN en el recurso informático de excelencia que es hoy.

La Alianza de La Lista Roja de la UICN ha desarrollado un Plan Estratégico de diez años para La Lista Roja de la UICN (2010-2020) que busca incrementar la cobertura taxonómica de la lista, mejorar la infraestructura que apoya la producción de la lista, y hacer que la información se distribuya fácil y abiertamente para mejorar la voluntad política y la conservación misma. El objetivo es convertir a La Lista Roja de la UICN en un mejor "Barómetro de Vida".

CRAIG HILTON-TAYLOR
Presidente, Red List Unit, IUCN Global Species Programme

Equus grevyi
Grevy's zebra/
Cebra de Grevy
ENDANGERED/
EN PELIGRO
EDWIN GIESBERS/
NATUREPL.COM

ILLEGAL WILDLIFE TRADE

TRÁFICO ILEGAL DE VIDA SILVESTRE

The escalation in illegal trade and poaching of wildlife is fast becoming a significant threat to the survival of many species. This crime, often carried out by well-organized, sophisticated gangs with transnational networks, undermines governance, promotes corruption, and thwarts legal trade in animals and plants. Furthermore, profits from this illegal business often fund cross-border armed conflicts in certain regions, especially in Africa. Confronted with threats to social stability and national security through rapid loss of important natural resources, governments and world leaders have recently joined the environmental sector in the fight against illegal wildlife trade.

Chronic poaching and trafficking affect thousands of species of mammals, birds, amphibians, and reptiles. In addition, the live-collection of individual plants poses a threat to cacti, cycads, orchids, and other plant species, while the world's fisheries, both marine and freshwater, continue to be decimated by illegal activities. When managed sustainably and traded legally, however, the commercial use of species can contribute positively to conservation, livelihoods, and national revenues.

Actions to prevent illegal trade are needed at source, transit, and destination countries. Although some actions have been implemented through conventions like CITES and targeted initiatives such as the African Elephant Action Plan and, for Asian rhinos, the Bandang Lampung Declaration, greater effort is needed in the following areas:

• Protecting sites in order to restore and maintain depleted wild populations is essential. Trained, well-equipped and dedicated rangers are needed to safeguard the world's parks and reserves. Use of current

La aceleración en el comercio ilegal y la cacería furtiva de vida silvestre se está convirtiendo en una amenaza seria para muchas especies. Este crimen, a menudo cometido por bandas transnacionales bien organizadas y sofisticadas, socaba la gobernabilidad, promueve la corrupción y frustra el comercio legal de animales y plantas. Más aún, las ganancias de esta actividad ilegal a menudo financian los conflictos armados transfronterizos en algunas regiones, en particular de África. Confrontados por las amenazas de inestabilidad social y de seguridad nacional por la rápida pérdida de recursos naturales, los gobiernos y líderes mundiales recientemente se han sumado al sector ambientalista para luchar en contra del comercio ilegal de especies silvestres.

Son miles las especies de mamíferos, aves, anfibios y reptiles que se ven afectadas por la constante cacería furtiva y el comercio ilegal. Se suman a lo anterior la recolección ilegal de especímenes vivos de plantas como cactáceas, cicadáceas, orquídeas y otras, mientras que tanto en aguas oceánicas como en aguas dulces, las pesquerías continúan diezmando las especies con actividades ilegales. A pesar de ello, cuando las especies son manejadas de manera sustentable y comercializadas legalmente, su aprovechamiento contribuye de forma positiva a la conservación, al ingreso nacional y a las economías de subsistencia que las comercializan.

Es necesario prevenir el comercio ilegal tanto en los países de origen, como en los de tránsito y destino. A pesar de que algunas acciones se han implementado mediante convenciones como la de CITES y, a que se han llevado a cabo iniciativas como el Plan de Acción

Loxodonta africana
African elephant/
Elefante africano
VULNERABLE

MICHAEL NICHOLS/
NAT GEO CREATIVE

technology and expertise for surveillance and intelligence gathering can help protect these preserves.

• Law enforcement at the site level requires greater engagement with the local communities who depend on these protected areas. When involved in legal and sustainable use of natural resources, grassroots leadership can contribute significantly to the fight against wildlife poaching.

• Strengthened law enforcement, both nationally and between countries, is needed to support the judicial and customs sectors, in tandem with the establishment of cross-border and interagency task forces. This should be augmented by the deployment of the latest crime-fighting techniques.

• Greater awareness and effort are needed to reduce the demand for illegal wildlife products. Governments, the private sector, and NGOs must work together to reduce demand amongst key consumer groups. Given the global scale and multisectorial nature of the illegal wildlife crime problem, it is imperative that countries deliver on their existing commitments and that high-level political engagement is maintained in order to sustain the high-priority, collaborative efforts required to change the current situation.

The IUCN Red List reminds us that a significant proportion of the planet's species are threatened with extinction. While pervasive threats such as habitat loss, pollution, invasive species, and climate change are the main drivers of population decline for many species, the illegal killing and collection of species looms as a serious threat to others.

RICHARD JENKINS
UK Manager, IUCN Global Species Programme

para el Elefante Africano; el Plan para el Rinoceronte Asiático y otras como la Declaración de Bandung, se requiere de un esfuerzo aún mayor que incluya:

• La protección de sitios para la restauración y mantenimiento de poblaciones silvestres agotadas.

• La imposición de las leyes a nivel de sitio. Se necesita de una mayor intervención de las comunidades que dependen de esas áreas protegidas. Los liderazgos locales que se involucran en el uso sustentable de los recursos naturales contribuyen de manera significativa en la lucha contra la cacería furtiva.

• A nivel nacional e internacional, se requiere del fortalecimiento de las legislaciones para apoyar los sectores judicial y aduanal, incluyendo el establecimiento de grupos inter-agenciales y fuerzas de tarea transfronterizas así como el emplazamiento de tecnologías de última generación para el combate al crimen organizado.

• Un mayor esfuerzo de sensibilización para combatir la demanda ilegal de productos silvestres. Los gobiernos, el sector privado y las ONGs deben trabajar juntos para reducir esta demanda entre los consumidores. Debido a la naturaleza multisectorial y la dimensión global de la criminalidad en el tráfico de vida silvestre, es imperativo que los países cumplan con sus compromisos y que se cuente con el involucramiento de los funcionarios de los más altos niveles para mantener un alto nivel de prioridad y colaboración para revertir la situación actual.

La Lista Roja de la UICN nos recuerda que una gran parte delas especies del planeta están en peligro de extinción. Mientras que para algunas especies las amenazas principales son la pérdida de hábitat, la contaminación, la introducción de especies invasivas y el cambio climático, para muchas otras lo son la caza furtiva y la recolección y tráfico de especímenes.

RICHARD JENKINS
Administrador del Programa Global de Especies de la UICN
para Gran Bretaña

Cycas taiwaniana
Cycad/Cícada
ENDANGERED/
EN PELIGRO

STEPHEN INGRAM/
ANIMALS ANIMALS

THE BIG PLAN TO SAVE NATURE

EL GRAN PLAN PARA SALVAR A LA NATURALEZA

In 2010 worldwide governments agreed, for the first time ever, on a "Big Plan" to save nature. The Convention on Biological Diversity Strategic Plan for Biodiversity 2011–2020 includes the Aichi Biodiversity Targets, five strategic goals with twenty ambitious targets that must be met by either 2015 or 2020. The Big Plan was adopted at the tenth Conference of the Parties to the Convention on Biological Diversity (CBD), in Nagoya, Japan, and has since been accepted by the United Nations and many of its agencies and other groups. *The IUCN Red List: 50 Years of Conservation* uses an abridged version of the Aichi Targets; the complete text can be accessed in the Conference of the Parties 10 Decision X/2 (www.cbd.int/decision/cop/default.shtml?id=12268).

The Big Plan to save nature gives great hope to the conservation community. Target 12 focuses entirely on the need to identify the most threatened species, and to bring about their sustained recovery. The Red List also facilitates fieldwork related to measuring progress in meeting the Aichi Biodiversity Targets.

Strategic Goal A: *Address the underlying causes of biodiversity loss by mainstreaming biodiversity across government and society.*
Target 1: People will be aware of the values of biodiversity and the steps they can take to conserve and use it sustainably.
Target 2: Biodiversity values will be integrated into development and poverty reduction strategies and planning processes and will be incorporated into national accounting.
Target 3: Incentives, including subsidies, harmful to biodiversity are eliminated, phased out, or reformed in order to minimize or avoid negative impacts.

En el 2010 los gobiernos de los países acordaron por primera vez en la historia adoptar un "Gran Plan" para salvar a la naturaleza. El Plan Estratégico de la Convención para la Biodiversidad del 2011–2020 incluye lo que se conoce como las Metas de Aichi para la Biodiversidad, cinco objetivos estratégicos con 20 ambiciosas metas que se deben cumplir ya sea para el 2015 o para el 2020. El Gran Plan fue adoptado durante la decima reunión de la Conferencia de las Partes de la Convención para la Diversidad Biológica (CBD), en Nagoya, Japón y ya ha sido aceptado por las Naciones Unidas y muchas de sus agencias, así como otros grupos. *La Lista Roja de la UICN: 50 Años de Conservación* utiliza una versión resumida de las Metas de Aichi; la versión completa del texto se puede hallar en la Decisión X/2 de la Conferencia de las Partes 10 (www.cbd.int/decision/cop/default.shtml?id=12268).

El Gran Plan para Salvar a la Naturaleza ha sido un gran motivo de esperanza para la comunidad conservacionista. La Meta 12 se enfoca exclusivamente en la necesidad de identificar a las especies que se encuentran mas amenazadas y luego alcanzar su recuperación sostenida—sin duda una gran inyección de entusiasmo para la conservación de especies. La Lista Roja de la UICN también está siendo utilizada para reportar y medir el progreso en el alcance de las Metas de Aichi para la Biodiversidad.

Objetivo estratégico A: *Abordar las causas subyacentes de la pérdida de diversidad biológica mediante la incorporación de este tema en todos los ámbitos gubernamentales y de la sociedad.*
Meta 1: Tendremos conciencia del valor de la diversidad biológica y de los pasos a seguir para su conservación y utilización sostenible.

Cyclura ricordii
Ricord's ground iguana/
Iguana Ricordi
CRITICALLY ENDANGERED/
EN PELIGRO CRÍTICO
CRISTINA MITTERMEIER

Target 4: Governments, business, and stakeholders at all levels will have taken steps to implement plans for sustainable production and consumption.

Strategic Goal B: *Reduce the direct pressures on biodiversity and promote sustainable use.*

Target 5: The rate of loss of all natural habitats is at least halved and where feasible brought close to zero.

Target 6: All fish and invertebrate stocks and aquatic plants are managed and harvested sustainably, legally, and applying ecosystem-based approaches, so that overfishing is avoided.

Target 7: Areas under agriculture, aquaculture, and forestry are managed sustainably, ensuring conservation of biodiversity.

Target 8: Pollution, including from excess nutrients, has been brought to levels that are not detrimental to ecosystem function and biodiversity.

Target 9: Invasive alien species and pathways are identified and prioritized for control or eradication.

Target 10: Anthropogenic pressures on coral reefs, and other vulnerable ecosystems impacted by climate change or ocean acidification, are minimized (for 2015).

Strategic Goal C: *Improve the status of biodiversity by safeguarding ecosystems, species, and genes.*

Target 11: At least 17 percent of terrestrial and inland water, and 10 percent of coastal and marine areas, especially areas of particular importance for biodiversity, will be effectively and equitably protected.

Target 12: The extinction of known threatened species has been prevented and their conservation status, particularly of those most in decline, has been improved and sustained.

Target 13: The genetic diversity of cultivated plants, of farmed and domesticated animals, and of wild relatives is maintained.

Strategic Goal D: *Enhance the benefits to all from biodiversity and ecosystem services.*

Target 14: Ecosystems that provide essential services, including services related to water, and contribute to health, livelihoods, and well being, are restored and safeguarded.

Target 15: Ecosystem resilience and the contribution of biodiversity

Meta 2: Los valores de la diversidad biológica habrán sido integrados en las estrategias nacionales y los procesos de planificación de desarrollo y de reducción de la pobreza.

Meta 3: Se habrán eliminado, se irán eliminando gradualmente o se habrán reformado los incentivos perjudiciales para la diversidad biológica.

Meta 4: Los gobiernos, empresas e interesados directos de todos los niveles habrán adoptado medidas o habrán puesto en marcha planes para lograr la sostenibilidad en la producción y el consumo.

Objetivo estratégico B: *Reducir las presiones directas sobre la diversidad biológica y promover la utilización sostenible.*

Meta 5: Se habrá reducido o eliminado por lo menos a la mitad el ritmo de pérdida de todos los hábitats naturales.

Meta 6: Todas las reservas de peces e invertebrados y plantas acuáticas se gestionan y cultivan de manera sostenible y lícita, aplicando enfoques basados en los ecosistemas, de manera que se evite la pesca excesiva.

Meta 7: Las zonas destinadas a agricultura, acuicultura y silvicultura se gestionarán de manera sostenible, garantizándose la conservación de la diversidad biológica.

Meta 8: La contaminación, incluida aquella producida por exceso de nutrientes, se habrá llevado a niveles que no resulten perjudiciales para el funcionamiento de los ecosistemas y la diversidad biológica.

Meta 9: Se habrán identificado las especies exóticas invasoras y sus vías de introdcucción, a fin de evitar nueva introducción y establecimiento de las mismas.

Meta 10: Para 2015 se habrán reducido al mínimo las presiones antropogénicas sobre los arrecifes de coral y otros ecosistemas vulnerables al cambio climático o la acidificación de los océanos, a fin de mantener su integridad y funcionamiento.

Objetivo estratégico C: *Mejorar la situación de la diversidad biológica salvaguardando los ecosistemas, las especies y la diversidad genética.*

Meta 11: Al menos el 17 por ciento de las zonas terrestres y de aguas continentales y el 10 por ciento de las zonas marinas y costeras, especialmente aquellas de particular importancia para la diversidad biológica y los servicios de los ecosistemas, se conservan por medio

to carbon stocks have been enhanced, through conservation and restoration.

Target 16: The Nagoya Protocol on Access to Genetic Resources and the Fair and Equitable Sharing of Benefits Arising from Their Utilization is in force and operational (for 2015).

Strategic Goal E: *Enhance implementation through participatory planning, knowledge management, and capacity building.*

Target 17: Each Party has developed, adopted as a policy instrument, and commenced implementing an effective national biodiversity strategy and action plan (for 2015).

Target 18: The traditional knowledge, innovations, and practices of indigenous and local communities relevant for the conservation and sustainable use of biodiversity, and their customary use of biological resources, are respected and reflected in the implementation of the convention.

Target 19: Knowledge, the science base and technologies relating to biodiversity, its values, functioning, status, and trends, and the consequences of its loss, are improved, widely shared and transferred, and applied.

Target 20: The mobilization of financial resources for effectively implementing the Strategic Plan for Biodiversity 2011–2020 from all sources should increase substantially from the current levels.

JANE SMART
Director, IUCN Global Species Programme

de sistemas de áreas protegidas administrados de manera eficaz y equitativa.

Meta 12: Se habrá evitado la extinción de especies en peligro identificadas y su estado de conservación se habrá mejorado y sostenido.

Meta 13: Se mantiene la diversidad genética de las especies vegetales cultivadas y de los animales de granja y domesticados y de las especies con parientes silvestres.

Objetivo estratégico D: *Aumentar los beneficios de la diversidad biológica y los servicios de los ecosistemas para todos.*

Meta 14: Se han restaurado y salvaguardado los ecosistemas que proporcionan los esenciales, incluidos servicios relacionados con el agua, y que contribuyen a la salud, los medios de vida y el bienestar.

Meta 15: Se habrá incrementado la resiliencia de los ecosistemas y la contribución de la diversidad biológica a las reservas de carbono, mediante la conservación y la restauración.

Meta 16: Para 2015, el Protocolo de Nagoya sobre Acceso a los Recursos Genéticos y Participación Justa y Equitativa en los Beneficios que se Deriven de su Utilización estará en vigor y en funcionamiento.

Objetivo estratégico E: *Mejorar la aplicación a través de la planificación participativa, la gestión de los conocimientos y la creación de capacidad.*

Meta 17: Para 2015, cada Parte habrá adoptado una política para implementar la Estrategia Nacional actualizada y un Plan de Acción.

Meta 18: Se respetan los conocimientos, las innovaciones y las prácticas tradicionales indígenas y locales pertinentes para la conservación y la utilización sostenible de la diversidad biológica y se integran en la aplicación del Convenio con plena participación.

Meta 19: Se habrá avanzado el conocimiento, la base científica y las tecnologías para entender la diversidad biológica, sus valores, funcionamiento, estado y tendencias y las consecuencias de su pérdida. Éstos serán ampliamente compartidos, transferidos y aplicados.

Meta 20: La movilización de recursos financieros para aplicar de manera efectiva el Plan Estratégico para la Diversidad Biológica 2011–2012 provenientes de todas las fuentes debería aumentar de manera sustancial en relación con los niveles actuales.

JANE SMART
Directora del Programa Global de Especies de la UICN

Aloe pillansii
Bastard quiver tree/
Aloe gigante
CRITICALLY ENDANGERED/
EN PELIGRO CRÍTICO
FRANS LANTING/LANTING.COM

37

CONSERVATION WORKS

What would the world be like in the absence of any conservation action? It would be in far worse shape than it is today. It is true, biodiversity targets set for 2010 were not reached, but this does not mean that conservation has been ineffective. On the contrary, conservation has helped prevent extinctions and improve population levels among species.

We now have strong evidence that conservation works. Successful intervention, sometimes through the enactment of laws, includes species recovery programs, establishment of protected areas, restoration of ecosystems, control of invasive species, reintroduction programs, ex-situ conservation measures, and effective management programs. There are exceptions, as in the case of amphibians, where greater understanding is needed to control the deadly fungal disease, chytridiomycosis, that afflicts them. On the whole, however, we know what to do to achieve conservation success.

Actions leading to conservation successes can be assessed using The IUCN Red List, notably when an improvement in a species' status results in a change in its Red List category. For example Lear's macaw (*Anodorhynchus leari*) changed from Critically Endangered to Endangered, owing to protection of its habitat (the Toca Velha/Serra Branca cliffs in Brazil), along with enforcement of a hunting ban and harvest-management measures. In the case of the vicuna (*Vicugna vicugna*), a combination of CITES protection and enactment of the Vicuna Convention, which reformed domestic management and mandated the establishment of protected areas, has helped improve the status of the vicuna from Near Threatened to Least Concern.

LA CONSERVACIÓN SI FUNCIONA

¿Cómo sería el mundo sin ninguna gestión de conservación? Si pensamos en ese escenario tan insostenible, es obvio que el mundo estaría en peores condiciones. Es cierto que las metas para el 2010 no fueron alcanzadas, pero no significa que la conservación no haya sido efectiva. Por el contrario, la conservación ha ayudado a prevenir las extinciones y ha mejorado los niveles poblacionales de las especies.

Ahora contamos con pruebas cada vez mayores de que la conservación "funciona". Las intervenciones exitosas a veces llevadas a cabo mediante la promulgación de leyes incluyen los programas de recuperación de especies; el establecimiento de áreas protegidas; la restauración de ecosistemas; el control de especies invasivas; los programas de reintroducción; medidas de conservación ex situ y los programas de manejo efectivo. Sin embargo, hay excepciones, como en el caso de los anfibios en el que es necesario controlar el hongo mortal que les ataca, la *chytridiomycosis*. No obstante, en términos generales, sabemos lo qué hay que hacer para alcanzar el éxito de la conservación.

Las medidas de conservación exitosas pueden evaluarse mediante La Lista Roja de la UICN, sobre todo cuando se presenta una mejoría en la situación de peligro en las categorías de la lista. Como ejemplo, el guacamayo de Lear (*Anodorhynchus leari*) cambió su estado de En Peligro Crítico a En Peligro debido a la protección de su hábitat (la Toca Vela/Farallón de Serra Branca en Brasil) y por la aplicación de una prohibición a su caza y medidas para controlar su recolección. En el caso de la vicuña (*Vicugna vicugna*), lo que ayudó a mejorar su estatus de Casi Amenazado a Preocupación Menor fue una combinación de

Gymnogyps californianus
California condor/
Cóndor californiano
CRITICALLY ENDANGERED/
EN PELIGRO CRÍTICO
KONRAD WOTHE/MINDEN PICTURES/
NAT GEO CREATIVE

Despite these and other positive achievements, conservation initiatives need to be increased substantially to combat the extinction crisis. One such positive action is the Save Our Species (SOS) funding mechanism. Another is the Mohammed bin Zayed Species Conservation Fund (MBZSCF), which provides targeted grants to conservation initiatives for individual species, helping to elevate the importance of those species in the broader conservation debate. To date the fund has awarded more than one thousand grants throughout the world. Continued initiatives that target resources will ensure more positive results for greater numbers of Earth's species.

JANE SMART
Director, IUCN Global Species Programme

medidas de protección de CITES y la promulgación de la Convención de la Vicuña que modificó su manejo doméstico y promulgó el establecimiento de áreas protegidas.

Muy a pesar de estos y otros logros positivos, es necesario incrementar sustancialmente las iniciativas de conservación para combatir la actual crisis de extinción. Uno de estos emprendimientos positivos es el mecanismo de financiamiento llamado *Save Our Species* (SOS). Otro, el *Mohammed bin Zayed Species Conservation Fund* (MBZSCF), el cual subvenciona iniciativas de conservación para especies específicas, buscando elevar la importancia de estas especies en el debate conservacionista global. Hasta ahora, este fondo ha otorgado más de mil donaciones alrededor del mundo. Estas iniciativas que continuamente destinan fondos garantizarán más y mejores resultados positivos para las especies de la Tierra.

JANE SMART
Directora del Programa Global de Especies de la UICN

Gastrotheca orophylax
Papallacta marsupial frog/
Rana marsupial guardabosque
ENDANGERED/EN PELIGRO
PETE OXFORD

SAVE OUR SPECIES

Save Our Species (SOS) began in 2010 as a joint initiative of IUCN, the Global Environment Facility, and the World Bank. Its objective has been to ensure the long-term survival of threatened species, their habitats, and the people and ecosystems that depend on them. SOS funds work that protects hundreds of species in the Americas, Africa, and Asia.

In just four years, SOS has supported eighty-nine projects, all of them aided by The IUCN Red List, which informs SOS's strategic directions and helps guide its proposal process. SOS uses a competitive call for proposals and selects projects to fund based on evaluation by the IUCN Species Survival Commission, the world's largest network of wildlife experts. Highlighting a selection of achievements in the short time since it began operation helps illustrate the impact of this approach.

In 2013 the global population of the Critically Endangered spoon-billed sandpiper (*Eurynorhynchus pygmeus*), estimated to be down to one hundred breeding pairs, increased through an innovative program in Chukotka, Russia, where twenty eggs hatched successfully. In Kenya, the birth of eight Critically Endangered hirola antelope (*Beatragus hunteri*) represented a significant boost to the population of this unique African species. The successful deployment of the seminal Spacial Monitoring and Reporting Tool (SMART) software application has enhanced protection of about 80 percent of the wild tiger breeding population in Southeast Asia. SMART is an open source tool that tracks antipoaching efforts, which in turn improve strategic planning for enforcement operations. More recently the technology has been adopted by a dozen other SOS projects to apply in conservation

SALVAR A NUESTRAS ESPECIES

Salvar Nuestras Especies (SOS por sus siglas en inglés) se inició en 2010 como una iniciativa conjunta de UICN, el Fondo para el Medio Ambiente Mundial y el Banco Mundial. Sus objetivos son asegurar la supervivencia a largo plazo de las especies amenazadas; la conservación de su hábitat, así como el de las personas y los ecosistemas que dependen de ellas. SOS financia el trabajo que lleva protección a cientos de especies en el Continente Americano, en África y en Asia.

Tan solo en cuatro años, SOS ha apoyado a ochenta y nueve proyectos, todos ellos apoyados por La Lista Roja de la UICN. De allí surgen las directrices estratégicas de SOS y la orientación de sus nuevas propuestas. SOS utiliza una convocatoria de concurso para seleccionar las mejores propuestas y apoyar los mejores proyectos basándose en una evaluación de la Comisión de Supervivencia de las Especies de la UICN, la más grande red de expertos en vida silvestre del mundo. Subrayamos aquí algunos logros obtenidos para ilustrar el resultado de este abordaje en el breve tiempo desde que se inició el financiamiento.

En 2013 la población global de correlimos cuchareta (*Eurynorhynchus pygmeus*), En Peligro Crítico (se estima que solo existen cien parejas reproductoras), aumentó su número mediante un innovador programa llevado a cabo en Chukotka, Rusia, en donde se logró la eclosión exitosa de 100 huevos. En Kenia, el nacimiento de siete antílopes hirola (*Beatragus hunteri*), En Peligro Crítico, representó un impulso significativo para esta especie africana única. El emplazamiento exitoso del programa seminal SMART (Spacial Monitoring and Reporting Tool) ha mejorado la protección de casi el

Eurynorhynchus pygmeus
Spoon-billed sandpiper/
Correlimos cuchareta
CRITICALLY ENDANGERED/
EN PELIGRO CRÍTICO
CHRIS COLLINS

programs for other species. The ongoing reintroduction of the Critically Endangered California condor (*Gymnogyps californianus*) to the Sierra San Pedro de Martír in Baja California, Mexico, meets with one success after another, with three chicks born in the wild to birds reared in captivity and later released.

Clearly, species conservation is working. Each year the SOS impact grows. Not only does SOS deliver, but every success story inspires greater numbers of people to work together on a mission that protects wildlife and our own lives. Engaging support through this message of collective effort is crucial to growing the SOS partnership, for it invites private- and public-sector enterprises and communities to join hands in a universally important cause—our planet Earth.

80% de la población de tigre en etapa de reproducción en el sudeste asiático. El programa SMART es una herramienta de código abierto que da seguimiento a las actividades contra la caza furtiva y que ha traído consigo el mejoramiento de la planeación estratégica de los operativos para la aplicación de la legislación. Más recientemente, esta tecnología fue adoptada por una docena de proyectos de SOS para la puesta en marcha de programas de conservación de otras especies. La actual reintroducción del cóndor de California en la Sierra de San Pedro Mártir en Baja California, México, va de un éxito a otro con la liberación de aves criadas en cautiverio y el logro de tres polluelos silvestres.

Es obvio que la conservación de las especies está funcionando. El impacto de SOS crece año con año. SOS no solo cumple, sino que cada historia de éxito inspira a un número de personas cada vez mayor que trabajan juntas con la misión de proteger la vida silvestre así como de nuestra propia existencia. Hacer llegar este mensaje de esfuerzos colectivos es crítico para ampliar las alianzas de SOS estimulando a las empresas de los sectores público y privado, así como a las comunidades a unir esfuerzos en esta importante causa universal: nuestro Planeta Tierra.

THE WORLD BANK **gef** **THE WORLD BANK**

Cuon alpinus
Dhole/Perro salvaje asiático
ENDANGERED/EN PELIGRO
RAMKI SREENIVASAN/CONSERVATION INDIA

TESTIMONIALS FROM THE IUCN RED LIST PARTNERSHIP
TESTIMONIALES DE LA ASOCIACIÓN PARA LA LISTA ROJA DE LA UICN

BirdLife
INTERNATIONAL

Identifying and documenting threatened bird species has been central to BirdLife International's work since the first Red Data Book took shape fifty years ago. For us, preventing extinction remains both a fundamental strategic commitment and a unifying element across our diverse partnership of more than 120 NGOs worldwide. The IUCN Red List reliably informs species conservation priorities, spotlighting not just the most charismatic wildlife but also the less conspicuous species facing threats. The list identifies Key Biodiversity Areas, including the twelve thousand Important Bird and Biodiversity Areas (IBAs) catalogued by BirdLife. The IUCN Red List Index is also a powerful and versatile indicator, widely recognized and adaptable to many uses. Despite conservation successes, the index is going down. Thus we hope for, and look forward to, a Red List centenary, when there is cause to celebrate both the list and the good news it tells us about Earth's biodiversity.

LEON BENNUN
Director of Science, Policy, and Information, BirdLife

Desde la primera versión del Libro Rojo hace cincuenta años, la identificación y documentación de las especies en peligro ha sido una cuestión nodal para el trabajo de BirdLife International. Para nosotros, la prevención global de la extinción sigue siendo un compromiso estratégico fundamental y una elemento de cohesión entre la multiplicidad de las más de 120 ONGs miembros de esta alianza global. La Lista Roja informa con certidumbre sobre las prioridades de conservación de las especies, señalando no solo los peligros de las más carismáticas sino también el que enfrentan las especies menos conspicuas. Identifica las Áreas de Biodiversidad Claves que incluyen las 12,000 Áreas de Biodiversidad Importantes para las Aves (IBAs, por sus siglas en inglés) catalogadas por BirdLife. El Índice de la Lista Roja es asimismo un poderoso y versátil indicador ampliamente reconocido y utilizado. No obstante su éxito en la conservación, su tendencia es a la baja. Por ello esperamos y deseamos a que su centenario sea motivo para celebrar tanto a la Lista misma como las buenas noticias que éste nos traiga entonces en torno a la biodiversidad de la Tierra.

LEON BENNUN
Director de Ciencia, Política e Información, BirdLife

BGCI
Plants for the Planet

The IUCN Red List is an essential tool for conservation planning. Botanic gardens around the world need the list to plan their work and to communicate about the crisis in plant diversity. Botanic Gardens Conservation International (BGCI) is committed to supporting Red List assessments and finding out the status of "Plants for People"—those plants essential for human survival. All societies throughout the world need to act immediately to prevent plant extinctions and to inspire a long-term commitment to conservation based on the authoritative information provided by the Red List.

DR. SARA OLDFIELD
Secretary General, Botanic Gardens Conservation International

La Lista Roja de la UICN es una herramienta esencial para la planificación de la conservación. Los jardines botánicos de todo el mundo necesitan hacer uso de la lista para planificar su trabajo y para comunicar la crisis que la diversidad botánica está sufriendo. Botanic Gardens Conservation International (BGCI) está comprometida a hacer todo lo posible para apoyar las evaluaciones de la lista y para investigar el estatus de las "Plantas para las Personas"—que son aquellas plantas esenciales para la supervivencia de los seres humanos. Todas las sociedades alrededor del mundo deben actuar inmediatamente para prevenir la extinción de las plantas y para inspirar el compromiso con la conservación a largo plazo y con base en la información experta que nos proporciona la Lista Roja.

DR. SARA OLDFIELD
Secretaria General, Botanic Gardens Conservation International

Gavialis gangeticus
Gharial/Gavial del Ganges
CRITICALLY ENDANGERED/
EN PELIGRO CRÍTICO
KEVIN SCHAFER

CONSERVATION
INTERNATIONAL

The IUCN Red List of Threatened Species is a very important tool for Conservation International. It is a starting point for science-based conservation efforts and underpins a wide variety of actions, from species-focused conservation, to understanding and monitoring the impacts of wildlife trade, to creation and management of sites of importance to nature and people, to ensuring the long-term maintenance of critical ecosystem services essential for human survival and well-being. The list also supports the achievement of the Aichi Targets of the Convention on Biological Diversity, especially Target 12 (extinctions prevented). Conservation International is proud to have been a Red List Partner from the beginning. We have supported various aspects of the Red List process, from global assessments such as those for amphibians and mammals to species-specific workshops for many taxonomic groups ranging from primates and turtles to marine organisms of various kinds to promotion of the Red List through the media as well as scientific and popular publications.

RUSSELL A. MITTERMEIER
President, Conservation International

La Lista Roja de Especies Amenazadas de la UICN es la herramienta más valiosa con la que Conservation International (CI) cuenta en sus esfuerzos globales para conservar especies amenazadas. Es el punto de partida para todo esfuerzo serio de conservación con bases científicas y es el fundamento de toda acción exitosa en esta tarea, desde la conservación de especies, hasta la comprensión y seguimiento de los impactos del tráfico ilegal de vida silvestre, la creación y manejo de áreas importantes para la naturaleza y para la gente, y la garantía de la existencia a largo plazo de los servicios ambientales esenciales para la supervivencia y bienestar humanos. La lista también apoya el logro de las Metas de Aichi de la Convención para la Diversidad Biológica (prevención de extinciones). Conservation International se enorgullece de haber sido un Socio de la Lista Roja desde el principio. Hemos apoyado diversos aspectos de La Lista Roja de la UICN, desde las evaluaciones globales para anfibios y mamíferos, hasta talleres para muchos grupos taxonómicos incluyendo primates, tortugas y organismos marinos, así como la promoción de La Lista Roja de la UICN en medios de comunicación tanto populares como científicos.

RUSSELL A. MITTERMEIER
Presidente, Conservation International

ROYAL BOTANIC GARDENS

The Royal Botanic Gardens, Kew, is a leading plant science and conservation organization sitting at the heart of a global network. It has supported The IUCN Red Listing process for more than forty-five years. The Red List enables scientific documentation of threats to and extinction-risk of plants and fungi, facilitating clear communication about the conservation status of species as well as the strategies for planning, implementing, and monitoring conservation action. Red List categories and criteria provide the basis for the Sampled Red List Index for Plants, the first global overview of plant conservation status. All this would be impossible without standardized assessments. To expand adoption and application of these categories and criteria, Kew developed an open-source tool, GeoCAT (www.geocat.kew.org/). Our immediate challenge is to increase representation of plants in The IUCN Red List.

ALAN PATON
Assistant Keeper, Herbarium, Royal Botanic Gardens, Kew

Los Jardines Botánicos Reales de Kew son una organización científica y conservacionista líder en las ciencias botánicas y es en el centro de una red global. Han apoyado el proceso de listado en la Lista Roja durante mas de cuarenta y cinco años. La Lista Roja de la UICN permite la documentación científica de las amenazas de extinción de plantas y hongos y facilita una comunicación clara en cuanto al estatus de conservación de las especies así como de las estrategias de planificación, implementación y monitorización de las acciones de conservación. Las categorías y criterios de la Lista Roja proporcionan el fundamento para el Índice de Muestra de la Lista Roja de Plantas, el primer bosquejo global del estatus de conservación de plantas. Todo esto sería imposible en ausencia de evaluaciones estandarizadas. Para expandir la adopción y aplicación de estas categorías y criterios, Kew ha desarrollado una herramienta de fuente abierta conocida como GeoCAT (www.geocat.kew.org/). Nuestro reto más inmediato es incrementar la representación de plantas en La Lista Roja de la UICN.

ALAN PATON
Asistente del Herbario, Jardines Botánicos Reales de Kew

Lynx pardinus
Iberian lynx/Lince ibérico
CRITICALLY ENDANGERED/
EN PELIGRO CRÍTICO

PETE OXFORD

Microsoft

Microsoft believes that science and data can help steer the world in a more positive direction—our research division is a leader in combining computational thinking with data. The affinity between Microsoft and The IUCN's Red List of Threatened Species is obvious. Conceived by renowned scientists motivated to use their learning for the good— and compiled as part of an unprecedented collaboration of more than ten thousand individuals—the Red List inventories and tracks the conservation status of the world's species. It has focused global attention on biodiversity conservation and provided a metric by which we can measure progress. The process of data collection, storage, and analytics continues to challenge us to think creatively in an effort to solve one of our planet's most pressing problems—the rapid and ongoing loss of biodiversity.

LUCAS JOPPA
Scientist and Head of Conservation, Microsoft Research

Microsoft cree que la ciencia y la informática pueden ayudar a dirigir al planeta en una dirección más positiva—nuestra división de investigación es un líder en la fusión del pensamiento computacional y la informática. La afinidad entre Microsoft y La Lista Roja de Especies Amenazadas de la UICN es obvia. Concebida por científicos de renombre mundial motivados a usar sus conocimientos para una buena causa—y compilada como parte de una colaboración sin precedentes de más de mil individuos—la Lista Roja lleva inventario e investiga el estatus de conservación de las especies del planeta. Ha logrado enfocar la atención global en la conservación de la biodiversidad y constituye el parangón para medir el progreso. El proceso de recolección, almacenamiento y análisis de datos, sigue siendo un reto que nos motiva a ser creativos en los esfuerzos para resolver uno de nuestros mas serios problemas—la rápida y continua pérdida de la biodiversidad.

LUCAS JOPPA
Científico y Jefe de Conservación, División de Investigación de Microsoft

NatureServe

The IUCN Red List has played an essential role in guiding international conservation efforts and directing resources toward the species most in need. Decades of scientific endeavor have made the Red List a global benchmark, allowing comparison across species groups, putting NatureServe's status ranks for North America into their global context, and enabling collaboration with the international community on species-related issues. Whether as a founding member of the IUCN Red List Partnership or in our current work to assess Latin American and Caribbean species, we have seen how crucial the list is in relation to the rapid pace of land-use change, especially in the tropics.

MARY L. KLEIN
President and Chief Executive Officer, NatureServe

La Lista Roja ha jugado un papel esencial como guía para los esfuerzos internacionales de conservación y para la asignación de recursos para las especies que más lo necesitan. Décadas de esfuerzo científico han convertido a la Lista Roja en punto de referencia, permitiendo la comparación entre varios grupos de especies y colocando las categorías de estatus para Norte América de NatureServe dentro del contexto global. Esto ha permitido la colaboración con la comunidad internacional en asuntos relacionados con las especies. Ya sea como miembro fundador de la sociedad para la Lista Roja, o como parte de nuestro trabajo actual liderando evaluaciones para especies latinoamericanas y caribeñas, hemos sido testigo de la importancia crucial de la lista en relación al acelerado cambio en el uso del suelo, especialmente en los trópicos.

MARY L. KLEIN
Presidenta y Jefa Ejecutiva, NatureServe

 VU

Ailurus fulgens
Red panda/Panda rojo
VULNERABLE

TOM & PAT LEESON/ARDEA.COM

The IUCN Red List of Threatened Species stands as the foundation for any acceptable assessment of current biodiversity. It is the best tool available for monitoring and documenting declining species. More than eight thousand experts contribute their scientific data to fill the list, allowing for greater knowledge about changes in the conservation status of many species, both terrestrial and marine. More work is needed to extend The IUCN Red List to all, or a representative sample of species. Our own Global Mammal Assessment Program uses the Red List framework to prioritize the species most likely to have changed threat category and most in need of conservation attention.

LUIGI BOITANI
Professor of Animal Ecology and Conservation Biology,
Sapienza University of Rome

La Lista Roja de Especies Amenazadas de la UICN es el punto de partida para cualquier evaluación seria del estado que guarda la biodiversidad. Es la mejor herramienta que poseemos para dar seguimiento y documentar la disminución de las especies. Más de ocho mil expertos contri-buyen sus datos científicos para la elaboración de la lista, lo que permite un mayor conocimiento de los cambios en el estatus de conservación de muchas especies, tanto terrestres como marinas. Es necesario mucho más trabajo para lograr que el trabajo de la Lista Roja se extienda a un mayor numero de especies. Nuestro propio Programa Global de Evaluación de Mamíferos hace uso de la lista como marco de referencia para priorizar aquellas especies que están bajo mayor riego de sufrir cambios en su categoría de riesgo y donde es más necesario enfocar la atención de su conservación.

LUIGI BOITANI
Profesor de Ecología Animal y Biología de la Conservación,
Sapienza Università di Roma

The importance of The IUCN Red List is globally recognized. In the United States, however, much of the discussion on threatened species focuses on the U.S. Endangered Species Act. In addition, the U.S. signed but never ratified the Convention on Biological Diversity (CBD), resulting in a lack of attention to international conventions in higher education. Texas A&M's participation in the IUCN Red List Partnership has given academic visibility to these important international agreements, such as the CBD, CITES, the Convention on the Conservation of Migratory Species of Wild Animals, and others, through our classes, seminars, and research. We have graduate students pursuing Red List–related research, and our institution has prioritized fund-raising to support the IUCN Red List Partnership. As an academic Red List partner, we seek to elevate knowledge of the value and importance of the Red List by training new conservation professionals.

THOMAS E. LACHER, JR.
Professor of Tropical Ecology, Conservation Biology, and Experimental Design, Texas A&M University

La importancia de la Lista Roja es reconocida globalmente. Sin embargo, en los Estados Unidos (EEUU) la mayor parte de la discusión sobre especies amenazadas se ha centrado sobre la Ley de Especies en Peligro de Extinción de los EEUU. Además, los EEUU firmaron, pero nunca ratificaron, la Convención para la Diversidad Biológica (CBD) lo que ha resultado en el incumplimiento de las convenciones internacionales para la educación superior. La participación de la Universidad de Texas A & M como asesor académico de La Lista Roja de la UICN ha otorgado visibilidad académica a importantes acuerdos, como la CBD, la Convención sobre el Comercio Internacional de Especies Amenazadas de Fauna y Flora Silvestres (CITES), la Convención para las Especies Migratorias de Animales Silvestres, y otras, a través de nuestras clases, seminarios e investigación. Tenemos estudiantes de postgrado que llevan a cabo investigaciones asociadas a la Lista Roja y nuestra institución ha dado prioridad a la búsqueda de fondos para apoyar el asesoramiento de la lista. Como asesores de La Lista Roja de la UICN, buscamos elevar el conocimiento acerca de su valor e importancia mediante el de la Lista Roja a través del entrenamiento de profesionales de la conservación.

THOMAS E. LACHER, JR.
Profesor de Ecología Tropical, Biología de Conservación y Diseño Experimental, Universidad de Texas A&M

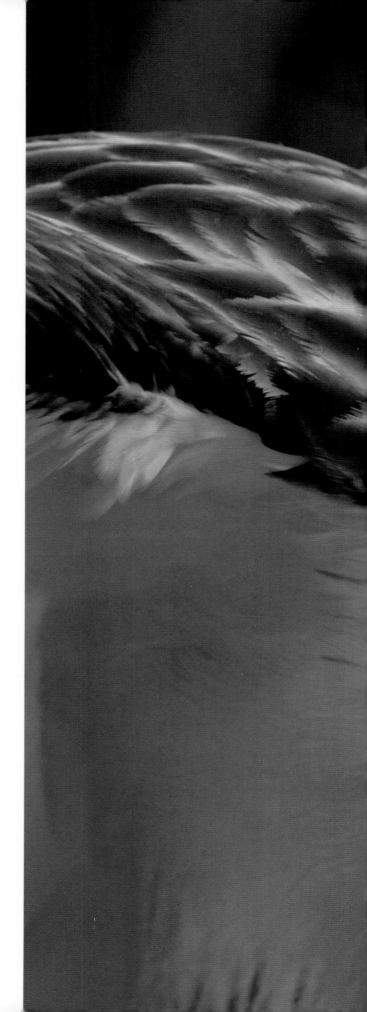

 <CR>

Pithecophaga jefferyi
Philippine eagle/Águila come-monos
CRITICALLY ENDANGERED/
EN PELIGRO CRÍTICO
KLAUS NIGGE/NAT GEO CREATIVE

Wildscreen

The IUCN Red List is an essential tool in the fight to prevent extinction of species. The vast network of individuals, who painstakingly categorize the conservation status of species, provides vital first steps in understanding the threats facing our natural world, which results in action. The list provides a solid base of knowledge for the conservation community's projects and campaigns, and also the ability to measure success. When strong storytelling and captivating imagery are united to portray the natural world, people become moved to take action to protect it. Wildscreen helps bring the Red List to life by sharing awe-inspiring images and videos of endangered species. Our initiatives help scientists to tell their stories and also inform the public as to how they can make a difference in their own communities and beyond.

VERITY PITTS
Manager, Wildscreen ARKive

La Lista Roja de la UICN es una herramienta esencial para la lucha por la prevención de la extinción. La vasta red de personas que laboriosamente clasifican el estado de conservación de las especies, constituye el primer paso para la comprensión de las amenazas que enfrenta nuestro mundo natural y que finalmente se traducirá en acción positiva. La lista brinda una base sólida de conocimiento para los proyectos y las campañas de la comunidad conservacionista, así como la capacidad para medir su eficacia. Cuando existe una narrativa robusta respaldada por imágenes cautivantes capaces de reflejar a nuestro mundo natural, se consigue motivar a las personas para actuar en consecuencia a favor de su protección. Al compartir con nosotros imágenes y videos asombrosos, Wildscreen nos ayuda a dar vida a La Lista Roja de Especies Amenazadas de la UICN. Nuestras iniciativas apoyan a los científicos a transmitir sus hallazgos e informar al público de cómo hacer la diferencia en sus comunidades y más allá.

VERITY PITTS
Gerente, Wildscreen ARKive

ZSL
LIVING CONSERVATION

Only recently have we begun to understand the extraordinary impact of humans on other forms of life. The IUCN Red List has lifted us from the dark ages of biodiversity ignorance and provided us with a solid foundation for understanding the status of the world's species. We now know the threats to vertebrates (mammals, birds, reptiles, amphibians, and fish) and many of the large invertebrate groups, such as dragonflies or corals. This information helps the global community to plan for a near future where all forms of life are treated ethically and where ecosystems essential for our survival—such as the production of oxygen—are protected. The Zoological Society of London has had the honor of being involved with The IUCN Red List from an early stage, contributing to the creation of the IUCN Categories and Criteria, the IUCN Red List Index, and National Red Lists. Thank you IUCN for this major gift to society.

JONATHAN BAILLIE
Zoological Society of London

Es hasta hace muy poco que hemos empezado a comprender el extraordinario impacto que los humanos ejercemos sobre otras formas de vida. La Lista Roja de Especies Amenazadas de la UICN nos ha sacado del oscurantismo de ignorancia sobre la biodiversidad y nos ha provisto de los fundamentos para comprender la situación actual de las especies en el mundo. Ahora conocemos los peligros que amenazan a los vertebrados (mamíferos, aves, reptiles, anfibios y peces) y los que enfrentan muchos de los grandes grupos de invertebrados como las libélulas y corales. Esta información apoya a la comunidad global para la planificación de un futuro en el que todas las formas de vida son tratadas éticamente y en el que todos los ecosistemas esenciales para nuestra supervivencia—como la producción de oxígeno—estén protegidos. La Sociedad Zoológica de Londres ha tenido el honor de estar involucrada con la Lista Roja desde sus etapas más tempranas, contribuyendo a la creación de los Criterios y Categorías de la UICN, en el Índice del Libro Rojo y en la Lista Roja Nacional. Extendemos aquí nuestros agradecimientos a UICN por su gran legado a la sociedad.

JONATHAN BAILLIE
Sociedad Zoológica de Londres

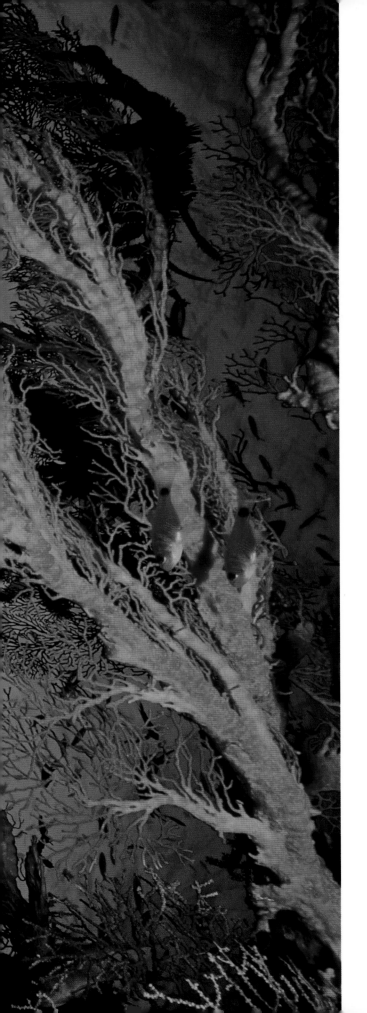

Pterois volitans
Red lionfish/Pez león
INVASIVE SPECIES/
ESPECIE INVASORA

TIM LAMAN

The IUCN Red List is the gold standard globally in conservation data and influences strategies regionally and nationally. It helps set priorities far beyond the work of the IUCN itself, and it has been an invaluable tool for the Global Environment Facility. The Red List is the Rosetta Stone for conservation.

THOMAS E. LOVEJOY
Professor of Environmental Science and Policy, George Mason University
Senior Fellow, United Nations Foundation
Blue Planet Prize Laureate, 2012

■　■　■

No compilation in our list-obsessed world has deeper apocalyptic ramifications for human civilization, and indeed, for the very future of life on Earth, than The IUCN Red List. To reverse the tragic, planet-wide acceleration of the extinction of species, the primary medicine can only be the generation of collective, planet-wide outrage to which the kind of heart-rending images and soul-wrenching logic set forth in this extraordinary book can greatly advance.

ASHOK KHOSLA
Chairman, Development Alternatives
President, IUCN (2008–2012)

La Lista Roja de la UICN es la regla de oro para la información sobre conservación a nivel global y ayuda a establecer prioridades que van más allá del trabajo propio de la UICN. Al Fondo para el Medio Ambiente Mundial (FMAM) le ha ayudado a establecer sus prioridades desde un el inicio, como también lo ha hecho a nivel regional y nacional. Es la Piedra Angular de la conservación.

THOMAS E. LOVEJOY
Profesor de Ciencias y Políticas Ambientales de la Universidad George Mason
Asociado Senior de la Fundación de las Naciones Unidas
Ganador del Premio Planeta Azul, 2012

■　■　■

No hay en nuestro mundo obsesionado con las listas, una sola compilación—ni una—que tenga implicaciones apocalípticas más profundas para el futuro de la civilización humana y para la Tierra, que las que nos presenta La Lista Roja de la UICN. Para revertir la trágica aceleración de la extinción de especies a nivel planetario, el principal remedio solo puede ser la indignación generalizada que las emotivas imágenes y la lógica que este extraordinario libro nos proporcionan.

ASHOK KHOSLA
Presidente, Alternativas de Desarrollo
Presidente, UICN (2008–2012)

THE DISAPPEARING ARK

It has been said that we will save only what we love. And we certainly can't love something if nobody knows it exists. I was stunned when I first learned that if we don't take action, in the next one hundred years half of the world's species might become extinct. As a photographer, I feel a responsibility to do everything I can to help prevent this.

The Photo Ark is a collection of photographs and videos that documents the world's species, with the goal of getting people to look these living entities in the eye and to care, while there's still time. The Ark aims to create a visual and emotional connection between the animals and the people who can help protect them. By isolating animals on black-and-white backgrounds, I can remove all distractions and reveal their beauty, grace, and intelligence.

No one person can save the world, but each of us can certainly have a real and meaningful impact. Many of the species that are featured in the Photo Ark can indeed be saved, but it will take people with passion, money, or both to step up and get involved. A little attention is all some of these species need, while other species range globally and require international efforts to protect them. Every bit helps though, and awareness of the problem is the first step towards a solution. I believe that when we save species, we're actually saving ourselves.

JOEL SARTORE

EL ARCA DESAPARECIENTE

Bien se ha dicho que sólo se puede salvar lo que se ama. Es también cierto que no podemos amar algo si ni siquiera sabemos que existe. Cuando me enteré que de no hacer nada, más de la mitad de todas las especies del mundo se habrán extinguido en los siguientes cien años, me quedé estupefacto. Como fotógrafo, siento la enorme responsabilidad de hacer todo lo que esté a mi alcance para evitarlo.

El proyecto Photo Ark es una colección de fotografías y videos que documenta a las especies del planeta con el objetivo de logra que la gente "encare" a los seres vivientes con compasión antes de que se acabe el tiempo. Photo Ark intenta crear una conexión visual y emocional entre los animales y las personas que pueden ayudar a protegerlos. Al aislar a los animales en un fondo blanco y negro, puedo eliminar las distracciones y revelar su belleza, gracia e inteligencia.

Una sola persona no puede salvar al mundo, pero cada uno de nosotros puede generar un impacto real y significativo a través de nuestras acciones. Muchas de las especies que aparecen en el Photo Ark todavía pueden salvarse, pero va a ser necesario que gente con pasión, dinero o ambos intervengan y se involucren. Todo lo que estas especies necesitan es un poco de atención; otras se distribuyen por todo el planeta y se requerirán de esfuerzos internacionales para protegerlas. Cada esfuerzo cuenta y la concientización es el primer paso para encontrar la solución. Yo sé que si salvamos a las especies, nos salvaremos a nosotros mismos.

JOEL SARTORE

Sumatran rhinoceros, *Dicerorhinus sumatrensis*
CRITICALLY ENDANGERED

The Sumatran rhinoceros is currently restricted to Sabah, Malaysia, and Sumatra, Indonesia. A renewed effort has been initiated to authenticate its existence in Peninsular Malaysia. This is the smallest of all the rhino species and is distinguished by coarse hair covering most of its body. Poaching poses the main threat to this rhino, driven by demand for the animal's horns, which are highly valued in traditional Chinese medicine. Centuries of overhunting has reduced the species to a small percentage of its former population and range, with present numbers currently estimated at 150 to 220 individuals. As a result, breeding is infrequent, successful births are uncommon, and a high risk of inbreeding threatens the species.

Since 1975 the Sumatran rhinoceros has been included on CITES Appendix I, prohibiting its international trade. It is also protected by law in all range states. Swift and effective action is needed to save this species from extinction, and requires a long-term sustainable strategy incorporating the best scientific information and engagement with local communities.

Rinoceronte de Sumatra, *Dicerorhinus sumatrensis*
EN PELIGRO CRÍTICO

El rinoceronte de Sumatra sobrevive en la actualidad solamente en Sabah, Malasia y Sumatra, en Indonesia. Un esfuerzo renovado se ha iniciado para confirmar su existencia en la Península Malaya. Ésta es la especie más pequeña de rinoceronte y se le distingue por el grueso pelaje que cubre casi todo su cuerpo. La caza ilegal, instigada por la demanda de cuernos de rinoceronte que son sumamente valiosos en la medicina tradicional China, es la principal amenaza contra esta especie. Siglos de cacería excesiva han reducido las poblaciones de esta especie a tan sólo 150 a 220 individuos—una minúscula fracción de su antigua población. Como resultado, le reproducción es poco frecuente y los nacimientos exitosos lo son aún menos. Hay también un alto riesgo de endogamia.

Desde 1975 el rinoceronte de Sumatra ha sido incluido en el Apéndice I de CITES, lo que prohíbe el tráfico internacional de esta especie. También goza de protección legal en todos los estados donde se le encuentra. Acciones rápidas y efectivas son necesarias en este momento para salvar a esta especie de la extinción, lo cual requiere una estrategia sostenible a largo plazo que incorpore la mejor información científica disponible y la participación de las comunidades locales.

Sumatran tiger, *Panthera tigris sumatrae*
CRITICALLY ENDANGERED

The tiger is the largest of all cats and once occurred throughout central, eastern, and southern Asia. Over the past one hundred years, this species has lost more than 90 percent of its historic range and now survives only in scattered populations, from India to Southeast Asia, and in Sumatra, China, and the Russian Far East.

Poaching and illegal killings, as a result of illicit and lucrative trade in tiger body parts for use in traditional Asian medicine, are the major threats to all tiger species. Habitat loss and depletion of their natural prey have also severely impacted this species. The Sumatran tiger, one of the six subspecies of tiger, is the last of Indonesia's tigers and may number as few as four hundred individuals. Besides poaching, its decline is largely due to habitat loss from the expansion of oil palm and acacia plantations and deaths resulting from human-tiger conflict.

Tigers are included on CITES Appendix I, which prohibits their international commercial trade. The future of this species depends on conserving and protecting large areas of suitable habitat with viable populations, while working with local communities to discourage revenge killings.

Tigre de Sumatra, *Panthera tigris sumatrae*
EN PELIGRO CRÍTICO

El tigre es el más grande de los felinos y alguna vez ocupó el centro, sur y suroeste de Asia. En los últimos doscientos años, esta especie ha perdido más del 90% de su territorio histórico y ahora sobrevive sólo en poblaciones dispersas en la India, el sudeste asiático, Sumatra, en China y en el lejano oriente de Rusia.

Las mayores amenazas que enfrentan todas las subespecies de tigre son su matanza ilegal, resultado de la lucrativa comercialización para su uso en la medicina tradicional asiática. La pérdida de su hábitat y de sus presas naturales también afecta a esta especie. El tigre de Sumatra, una de las seis subespecies de tigre, es el último de los tigres de Indonesia y quizás sobrevivan tan solo unos 400 ejemplares. Son causantes de su desaparición: la caza ilegal; la expansión de las plantaciones de la palma de aceite y acacia; la pérdida de su hábitat, y las muertes incidentales por el conflicto entre humanos y tigres.

Los tigres están incluidos en el Apéndice I de CITES en el que se prohíbe su comercio internacional. El futuro de esta especie depende de la conservación y protección de grandes extensiones del hábitat adecuado para la viabilidad de las poblaciones y al mismo tiempo, del trabajo requerido con las comunidades humanas locales para desalentar su matanza en represalia.

Kagu, *Rhynochetos jubatus*
ENDANGERED

The kagu is endemic to the French island New Caledonia, where small, severely fragmented populations can be found in various forest types. The bird's beautiful pale gray plumage has led to its local nickname "ghost of the forest."

Being flightless, this charismatic bird falls prey to introduced predators such as dogs, cats, and rats. Habitat deterioration and loss as a result of mining and forestry also threaten the species. Damage to its forest habitat by the non-native Javan rusa (*Rusa timorensis*), an introduced deer, may also impact the kagu's survival.

The kagu receives international trade protection through its listing on CITES Appendix I and also through the European Union Wildlife Trade Regulation. Captive-bred birds have been reintroduced to protected areas, where natural populations already live. Conservation legislation and education aim to reduce lethal attacks by hunting dogs, although this problem continues to be a challenge.

Kagu, *Rhynochetos jubatus*
EN PELIGRO

El kagu es endémico de la isla francesa de Nueva Caledonia en donde se le puede encontrar entre los diversos tipos de bosques locales y en poblaciones muy reducidas y severamente fragmentadas. El ave posee un bello plumaje gris pálido que le ha valido el mote de "fantasma del bosque".

Debido a que el kagu es un ave no voladora, este carismático pájaro es presa de depredadores introducidos como perros, gatos y ratas. La minería amenaza a la especie por la deforestación y pérdida o deterioro de su hábitat. También el sambar o siervo del Timor (*Rusa timorensis*) representa una amenaza a la supervivencia del kagu pues son de consideración los daños causados a los bosques por esta especie introducida.

El kagu está protegido contra su comercialización internacional mediante su enlistado en el Apéndice I de CITES y también por el reglamento de la Unión Europea sobre el comercio de especies de la flora y fauna silvestres. Se ha logrado la reintroducción de crías en cautiverio a las áreas protegidas en donde habitan las poblaciones naturales. La legislación sobre conservación y educación pretende reducir los ataques letales de perros de caza, aunque lo anterior ha probado ser un verdadero desafío.

Golden lion tamarin, *Leontopithecus rosalia*
ENDANGERED

The golden lion tamarin, a small primate with striking golden-orange pelage, survives only in remnant forests in the lowlands of the Brazilian state of Rio de Janeiro. It is Brazil's best-known flagship species. It was included in the Red Book in 1966, when attention was first drawn to its plight. By 1975 deforestation, hunting, and trade had reduced its numbers to the mere hundreds. In 1983 the Golden Lion Tamarin Conservation Program was established for the reintroduction of captive-bred animals, environmental education, and eventually the translocation of isolated groups to a reserve created for them.

The Associação Mico-Leão-Dourado (AMLD) maintains the conservation efforts for this species, focusing on reforestation to increase available habitats. The population remains small—about 1,700 in forests covering about 12,500 hectares. A current threat to the species' survival is the potential invasion of its habitat by the golden-headed lion tamarin (*Leontopithecus chrysomelas*), introduced in Rio de Janeiro. These newcomers are being captured and returned to their native habitat in the Brazilian state of Bahia.

Mico león dorado, *Leontopithecus rosalia*
EN PELIGRO

El mico león dorado es un primate pequeño con un asombroso pelaje color naranja dorado que apenas sobrevive entre los restos boscosos de las tierras bajas del estado de Río de Janeiro, en Brasil. Es la especie emblemática más conocida de Brasil. Se le incluyó en el Libro Rojo en 1966 cuando por primera vez se llamó la atención a su estado de amenaza. Hacia 1975, la deforestación, su caza y comercio habían reducido su número a unos cuantos cientos. En 1983 se estableció el Programa de Conservación del Mico León Dorado para la educación ambiental y la reintroducción de especímenes del mico criados en cautiverio y eventualmente, el traslado de grupos aislados a una reserva creada exprofeso.

La Asociación Mico León Dorado (AMLD por sus siglas en portugués) lleva a cabo trabajos para la conservación de la especie principalmente enfocando sus esfuerzos en la reforestación para incrementar la disponibilidad de hábitats. La población aún permanece baja—alrededor de 1,700 en una superficie boscosa de alrededor de 12,500 Has. Una nueva amenaza para lo supervivencia de esta especie es la invasión de su hábitat por el mico cabeza dorada (*Leontopithecus chrysomelas*), una especie similar introducida en Río de Janeiro. Estos recién llegados están siendo capturados y regresados a su hábitat nativo dentro del estado brasileño de Bahía.

American burying beetle, *Nicrophorus americanus*
CRITICALLY ENDANGERED

The largest North American carrion beetle, the American burying beetle, once ranged thirty-five states in the eastern, temperate areas of North America. Today, only scattered populations remain in just eight states.

The *Nicrophorus* species raise their young on dead mammals, birds, and reptiles and show some of the highest levels of parental care known among insects. Their reproductive success depends on larger and higher-quality carcasses than required by other beetles of the same family. The major cause of this species' decline relates to the fragmentation and loss of its habitat, which has isolated remaining populations. The decline in available habitat has also led to a reduction in the population of species that ultimately become carrion, there-fore increasing competition with other scavengers who rely on the same food source.

Since gaining Endangered species status in 1989, the insect has received protection from the U.S. Fish and Wildlife Service. The program includes monitoring the existing populations, maintaining captive populations, conducting surveys for additional wild populations, and implementing reintroduction efforts.

Escarabajo enterrador americano, *Nicrophorus americanus*
EN PELIGRO CRÍTICO

La especie de escarabajo de carroñero más grande de Norteamérica, el escarabajo enterrador americano, alguna vez ocupó treinta y cinco estados de la zona templada del Este de Estados Unidos. Hoy se le encuentra solamente en poblaciones dispersas en ocho entidades.

Los *Nicrophorus* crían a sus larvas en cadáveres de mamíferos, aves y reptiles, y presentan uno de los niveles más altos de cuidado parental entre los insectos. Su éxito reproductivo depende de la disponibilidad de mejores y más grandes cadáveres que los requeridos por otros miembros de su familia. La principal causa de su disminución se atribuye a la fragmentación y pérdida de su hábitat, lo que ha dejado a muchas poblaciones aisladas. La disminución de la disponibilidad de un hábitat adecuado también tiene como consecuencia la reducción de las poblaciones de especies que eventualmente se podrían convertir en carroña, lo que aumenta la competencia con otras especies que dependen de la misma fuente de sustento.

Desde que se le otorgó el estatus de especie amenazada en 1989 esta especie cuenta con la protección del Servicio de Pesca y Fauna Silvestre de los Estados Unidos. El programa incluye la monitorización de las poblaciones existentes; la manutención de poblaciones en cautiverio; el censo de las poblaciones silvestres, y la implementación de su reintroducción.

Red-headed vulture, *Sarcogyps calvus*
CRITICALLY ENDANGERED

The red-headed vulture once ranged abundantly throughout the Indian subcontinent and Southeast Asia but more recently has declined dramatically in both habitat and population size. It has become uncommon in Nepal and rare in Pakistan, northeastern Bangladesh, Bhutan, Myanmar, Laos, Cambodia, and Vietnam. Currently fewer than ten thousand of these vultures remain in the wild.

The species' substantial decline may have been caused by the consumption of livestock treated with the veterinary drug Diclofenac (used in the treatment of inflammation, pain, and fever), which has been blamed for the high mortality rate of the vultures. Indigesting it leads to visceral gout that causes kidney failure.

India, Nepal, and Pakistan have banned the manufacture of Diclofenac; however, it may be years before its use ends completely in these countries. In the meantime, red-headed vultures are being carefully monitored in the Indian subcontinent and in Cambodia to safeguard against further population declines.

Buitre cabecirrojo, *Sarcogyps calvus*
EN PELIGRO CRÍTICO

El buitre cabecirrojo alguna vez abundó en el subcontinente indio y en el Sureste asiático, pero actualmente su población y hábitat han declinado dramáticamente. Ahora es poco común encontrarlos en Nepal y raro en Pakistán, Bangladesh noroccidental, en Bután, Myanmar, Laos, Cambodia o Vietnam. Actualmente existen menos de diez mil de estas aves en el medio natural.

Es posible que la sustancial disminución de la especie esté relacionada al consumo de restos de ganado tratado con Diclofenaco veterinario (utilizado normalmente para el manejo de inflamaciones, dolor y fiebre). Su ingesta produce gota visceral, causante a su vez de insuficiencia renal.

La India, Nepal y Pakistán han prohibido la fabricación y uso del Diclofenaco, sin embargo tomará años para que deje de utilizarse en estos países. Mientras tanto los buitres cabecirrojos están siendo monitorizados en el subcontinente indio y en Camboya para proteger a su población de nuevas reducciones.

Green pitcherplant, *Sarracenia oreophila*

CRITICALLY ENDANGERED

The carnivorous green pitcherplant is endemic to the United States, where it is limited to a small number of sites in Alabama, Georgia, and North Carolina, inhabiting stream banks and seepage bogs. The plant's highly modified leaves, shaped like pitchers, act as traps for insects, which the plant digests using liquid inside the leaves.

Habitat loss and degradation resulting from urbanization and land conversion for cultivation threaten the pitcherplant. Its native habitat also suffers from the suppression or prevention of natural processes, such as beaver activity, which are necessary for the wetland's ecological balance. Further threats include herbicide use, invasive exotic species, and collection of the plant and, more recently, its seeds.

The green pitcherplant receives international trade protection through its listing on CITES Appendix I. The European Union Wildlife Trade Regulation and the U.S. Endangered Species Act also protect this species, the latter requiring property owners, where the plant occurs, to take responsibility for its conservation.

Jarra Verde, *Sarracenia oreophila*

EN PELIGRO CRÍTICO

La jarra verde es una planta carnívora endémica de los Estados Unidos que se distribuye en unos cuantos estados: Alabama, Georgia y en Carolina del Norte. Se le encuentra en bancos ribereños alrededor de arroyos y ciénagas. Las hojas altamente modificadas de esta planta en forma de jarra funcionan como trampas para insectos, mismos que son digeridos por los líquidos al interior de estas hojas.

Son factores de riesgo para estas plantas la pérdida de su hábitat por la conversión de uso del suelo y la urbanización. Además, el hábitat natural de esta planta sufre de cambios por la supresión o prevención de cambios naturales como aquellos resultantes de las actividades del castor, tan necesarias para el balance ecológico de los humedales. Otras amenazas provienen del uso de herbicidas o de la invasión de especies exóticas. También afectan a la especie la colecta de la planta misma o de sus semillas, como ha venido sucediendo más recientemente.

La jarra verde está protegida a nivel internacional a través de su listado en el Apéndice I de CITES, y recibe protección por parte de la Regulación de la Unión Europea para el Comercio con Vida Silvestre y del Acta de Especies Amenazadas de los Estados Unidos. En el caso de ésta última, la regulación requiere de su conservación a los propietarios de predios con presencia de esta especie.

Mountain pygmy possum, *Burramys parvus*
CRITICALLY ENDANGERED

The mountain pygmy possum is the only Australian mammal confined to alpine environments. It is found in three isolated and fragmented populations on mountain summits in the southeastern Australian Alps. Introduced mammals (such as foxes and cats) prey on this small mammal, and its habitat has been affected by the development of the ski industry, as well as increased temperatures and decreasing snow cover caused by climate change. Bushfires and a decline in the animal's main prey, the Bogong moth (*Agrotis infusa*), also affect its survival.

The species' entire range occurs within protected areas, although the most important parts of its range occur within the ski resorts. Management plans are now in place for this highly threatened marsupial, and a national recovery plan has begun. Other recommended conservation measures include habitat restoration, predator control, population and habitat monitoring, and captive-breeding programs.

Lirón marsupial, *Burramys parvus*
EN PELIGRO CRÍTICO

El lirón marsupial es el único mamífero confinado a los ambientes alpinos australianos. Existen solamente tres poblaciones de lirones fragmentadas y aisladas en las cimas del margen sudoriental de los Alpes Australianos. Los mamíferos introducidos (como zorras y gatos) se alimentan de este pequeño mamífero y su hábitat se ha visto afectado por el desarrollo de la industria del esquí, así como la disminución de la nieve debido al aumento de temperatura por el cambio climático. Los incendios forestales y la disminución de la principal presa del lirón, la palomilla de Bogong (*Agrotis infusa*) también amenazan su supervivencia.

Los dominios de esta especie se encuentran en su totalidad dentro de las áreas protegidas, aunque los sitios de distribución más importantes están dentro de las instalaciones de esquí. Ya se cuenta con planes de manejo para este marsupial amenazado, y ya ha comenzado un plan nacional de recuperación de la especie. Otras medidas de conservación que se recomiendan incluyen la restauración del hábitat, el control de depredadores, el monitoreo de poblaciones y su hábitat, así como programas de cría en cautiverio.

Ploughshare tortoise, *Astrochelys yniphora*
CRITICALLY ENDANGERED

The ploughshare tortoise, or angonoka in Malagasy, has dwindled to only a few hundred individuals remaining in the wild. The male's elongated front spike on the undershell, used in breeding jousts for females, is the most remarkable feature of this spectacular reptile.

Restricted to an area of 67 square kilometers of dry scrubland in northwestern Madagascar, this species is the most threatened tortoise in the world and represents a complex conservation challenge. Safeguarding the tortoise's natural habitat and maintaining a captive-breeding program had slowly increased the population, until the unfortunate surge in illegal wildlife trade favored this species for the global pet trade.

Although strictly protected under Malagasy and CITES laws, unacceptable numbers of the tortoises are smuggled and sold for enormous profit by criminal pet dealers, especially to Asian markets, where there is a huge demand for this rare and beautiful animal. Stronger conservation measures are urgently needed to save this tortoise, particularly enforcement of the trade laws and repatriation of recovered animals to secure breeding programs. The tortoise conservation community has responded by creating the International Angonoka Working Group to tackle both the conservation problems in situ and the illegal trade in this species.

Tortuga de Madagascar, *Astrochelys yniphora*
EN PELIGRO CRÍTICO

La tortuga de Madagascar, o Angonoka en malgache, ha disminuido hasta el punto en que sobreviven apenas unos cuantos cientos de individuos en la naturaleza. La larga espiga al frente del plastrón del macho, la cual se utiliza en peleas de justa para conquistar a las hembras, es la característica más notable de este espectacular reptil.

Con un rango restringido a apenas 67 km² en una pequeña área de matorral árido en el noroeste de Madagascar, esta especie es una de las tortugas más amenazadas del planeta y representa un gran reto para la conservación. Hasta el desafortunado momento en que surgió un aumento en el tráfico ilegal de esta especie para el mercado internacional de mascotas, la protección garantizada de su hábitat y la existencia de un programa de cría en cautiverio habían ayudado a incrementar las poblaciones.

Aunque está estrictamente protegida por leyes malgaches y por CITES, cantidades inaceptables de tortugas son exportadas como contrabando y vendidas con grandes ganancias por distribuidores ilegales de mascotas, especialmente en los mercados asiáticos, donde existe una enorme demanda por este hermoso y singular animal. Se requiere urgentemente de medidas de conservación más sólidas para salvar a esta especie, especialmente la puesta en vigor de leyes internacionales de trafico de vida silvestre y la repatriación de animales que han sido recuperados y que son necesarios para garantizar la cría en cautiverio. La comunidad conservacionista de tortugas ha respondido al reto con la creación de un Grupo de Trabajo Internacional para el Angonoka que aborda tanto los problemas de conservación como el tráfico ilegal de esta especie.

Spix's macaw, *Cyanopsitta spixii*
CRITICALLY ENDANGERED

The Spix's macaw is one of the world's rarest birds. It lives in Brazil, where it was last sighted in north Bahia. It is currently known only from captive populations, which totaled more than ninety individuals in 2012, including birds not registered in the captive program.

Decades of habitat destruction and illegal trapping for trade have largely caused the species' decline. Direct hunting, introduced and invasive African bees, and construction works have further impacted survival. As the last known individual in the wild disappeared in 2000, it is assumed that any remaining population is extremely small.

The Spix's macaw receives protection through the strict control of international trade under CITES Appendix I and the European Union Wildlife Trade Regulations. Brazilian laws also protect it. Habitat-restoration and community-conservation programs have been underway in preparation for future reintroductions. Proposed measures include the identification, protection, and improvement of suitable release sites; the establishment of a reintroduction facility; the introduction and protection of captive-bred fledglings; habitat-management assessments, and the continuation of cooperation between captive-bird holders.

Guacamayo azul del Brasil, *Cyanopsitta spixii*
EN PELIGRO CRÍTICO

El guacamayo azul del Brasil es una de las aves más raras del mundo y habita en Brasil en donde fue avistado por última vez al Norte de Bahía. Actualmente sólo se conocen poblaciones cautivas que en 2012 sumaban apenas unos noventa individuos, incluyendo aquellos no registrados en el programa de cautiverio.

Los responsables por el declive de esta especie son su captura para el comercio ilegal y la destrucción de su hábitat. Su caza; la introducción de especies invasivas como la abeja africana y la construcción también han afectado su supervivencia. Con la desaparición del último individuo silvestre en el año 2000, se asume que de persistir, su número es extremadamente pequeño.

El guacamayo azul del Brasil cuenta con protección mediante el estricto control internacional de su comercialización bajo el Apéndice I de CITES y del Reglamento de Vida SIlvestre de la Unión Europea, además de estar también protegido por la normativa brasileña. Actualmente se restaura su hábitat en preparación para su reintroducción mediante programas comunitarios de conservación. Las medidas propuestas contemplan la identificación, protección y mejoramiento de los sitios viables para la liberación, así como el establecimiento de las instalaciones de reintroducción; la introducción y protección de los polluelos; asesoría para el manejo ambiental y la cooperación continua entre los dueños de aves en cautiverio.

Jamaican iguana, *Cyclura collei*
CRITICALLY ENDANGERED

For much of the second half of the twentieth century, the Jamaican iguana was considered Extinct; then, in 1990 conservationists rediscovered it. Formerly inhabiting much of Jamaica's dry south coast, the species is now confined to the island's Hellshire Hills. It is among the rarest reptiles in the world.

The Jamaican iguana's historical habitat was lost to agriculture and urbanization, but non-native mammalian predators, particularly the mongoose, are considered the iguana's main threat. It may be that as few as one hundred adult individuals are left.

A continuous recovery program now supports the species, which includes rearing the young and releasing them as juveniles. The program also controls predators near the main nesting sites. To date, more than one hundred individuals have been repatriated into Hellshire, and these new arrivals are increasing the nesting population in the core conservation zone. Although these results are promising, the future survival of the Jamaican iguana has become more tenuous as increasing human pressures exert themselves on this core conservation area.

Iguana de Jamaica, *Cyclura collei*
EN PELIGRO CRÍTICO

En los últimos cincuenta años del siglo pasado, la iguana de Jamaica fue considerada extinta, cuando en 1990 los conservacionistas la redescubrieron. La iguana ocupó un área extensa de la región seca de la costa Sur de Jamaica y ahora está confinada a las colinas Hellshire de la Isla. La iguana de Jamaica está considerada como uno de los reptiles más raros del mundo.

El hábitat de la iguana de Jamaica ha sido suplantado por la agricultura y el desarrollo urbano y sus depredadores directos son los mamíferos introducidos, en particular la mangosta. Se estima que solamente sobreviven alrededor de cien especímenes.

Actualmente la recuperación de la especie es buena, principal-mente gracias al programa que incluye la crianza en cautiverio y liberación de juveniles. El programa contempla el control de depredadores en torno a los sitios de anidamiento y a la fecha, más de cien individuos han sido reintroducidos a Hellshire. Estos nuevos residentes han incrementado los anidamientos en el núcleo mismo de la zona de conservación y aunque estos resultados resultan prometedores, el futuro de la iguana de Jamaica es cada vez más endeble por la persistente presión humana ejercida sobre el núcleo de su zona de conservación.

Polar bear, *Ursus maritimus*
VULNERABLE

The polar bear is the largest living land carnivore today. It lives throughout the ice-covered waters of the circumpolar Arctic.

Climate change is impacting polar bears and their sea-ice habitat by affecting access to their prey and to den areas. Persistent organic pollutants—toxins that accumulate through the food chain—also pose a threat to the bears as these substances are known to cause neurological, reproductive, and immunological changes.

Although in some places overharvesting is still a concern, the hunting of polar bears is now controlled. The "International Agreement on the Conservation of Polar Bears," which allows local hunters to harvest polar bears sustainably and outlaws hunting from aircraft and large ships, has been signed by a number of countries. The main concerns for the survival of polar bears are those related to climate change. The complexity of these issues demands international co-operation if this species is to survive.

Oso polar, *Ursus maritimus*
VULNERABLE

El oso polar es el carnívoro terrestre más grande del mundo. Habita las aguas heladas de la región circumpolar del Ártico.

El cambio climático ya está teniendo un impacto sobre los osos polares al modificar la cubierta de hielo marino y con ello el acceso del oso a sus presas y a su guarida. Los contaminantes orgánicos persistentes—toxinas que se acumulan a lo largo de la cadena alimenticia—también constituyen una amenaza para los osos polares pues cuando éstas se acumulan en niveles elevados pueden causar cambios neurológicos, reproductivos e inmunológicos.

Aunque la caza de osos polares se encuentra bajo control, en algunos sitios la caza excesiva continua siendo preocupante.

'El Acuerdo Internacional para la Conservación del Oso Polar' que ya ha sido firmado por varios países, permite a los habitantes locales cazar osos de manera sustentable, aunque prohíbe hacerlo desde aeronaves o embarcaciones mayores. La preocupación principal por la supervivencia del oso polar proviene del cambio climático. La complejidad de los problemas relacionados con esta amenaza demanda la cooperación internacional para que esta especie logre sobrevivir.

Addax, *Addax nasomaculatus*
CRITICALLY ENDANGERED

The desert-dwelling addax once ranged across northern Africa but now inhabits a much smaller area in Niger and Chad, and possibly along the border between Mali and Mauritania. This antelope has declined dramatically, mainly from overhunting for its prized meat and leather. Other threats impacting its dwindling numbers include drought and habitat encroachment for the raising of livestock. Fewer than three hundred addax now survive in the wild and populations are highly isolated. The largest herd of approximately two hundred animals in the Tin Toumma area of Niger faces threats caused by oil exploration.

International trade in the addax is banned under its listing on CITES Appendix I, and Morocco, Tunisia, and Algeria have laws in place to protect the species. Relatively large numbers of addax live in captive populations around the world and are being used for reintroduction programs in Tunisia and Morocco.

Antílope addax, *Addax nasomaculatus*
EN PELIGRO CRÍTICO

El addax del desierto que alguna vez ocupó todo el Norte de África hoy en día habita una estrecha área de Nigeria y el Chad, y quizás a lo largo de la frontera entre Mali y Mauritania. Este antílope ha disminuido dramáticamente principalmente debido a su caza excesiva por su apreciada carne y piel. Otras amenazas que tienen un impacto en su menguada población son las sequías y la invasión de su hábitat por el ganado doméstico. En aislamiento extremo, aún sobreviven alrededor de trescientos addax en el medio silvestre. La manada más grande la constituyen unos doscientos animales en el desierto de Tin Toumma en Nigeria y se encuentra amenazada por la exploración petrolera.

El trafico internacional del addax está prohibido bajo el Apéndice I de CITES y Marruecos, Túnez y Argelia cuentan con leyes nacionales para proteger a la especie. Un número relativamente grande de addax viven en cautiverio alrededor del mundo y están siendo aprovechados para programas de reintroducción en Túnez y Marruecos.

Florida perforate reindeer lichen, *Cladonia perforata*
ENDANGERED

The Florida perforate reindeer lichen is endemic to the United States and inhabits the North Gulf Coast, the Lake Wales Ridge, and the Atlantic Coast Ridge regions of Florida. Just over thirty subpopulations occupy severely fragmented habitat patches of open rosemary scrub on inland and coastal dunes across these regions.

This lichen is threatened by habitat loss and fragmentation in the Atlantic Coast Ridge and Lake Wales Ridge regions and by the occurrence of hurricanes in the North Gulf Coast region. Inappropriate fire management undertaken throughout the species' range also impacts the population. A single hurricane or fire can reduce subpopulations by more than 70 percent or wipe them out completely.

In 1993 the Florida perforate reindeer lichen became the first lichen to be listed in the U.S. Endangered Species Act. This means that all owners of state land with populations of this species are responsible for its protection and conservation. Additionally, the state of Florida has an active conservation program, which monitors listed species and works to conserve them through land acquisition and management. Under this program, at least two sites at Lake Wales Ridge have been purchased for conservation purposes.

Programs are in place to study hurricane impact, post-fire recovery, and reintroduction success. Appropriate fire management has also been implemented.

Liquen perforado de los renos, *Cladonia perforata*
EN PELIGRO

El liquen perforado de los renos es endémico de los Estados Unidos y se le encuentra en la Costa Norte del Golfo de México y en la Florida en las crestas montañosas del Lago Wales y las partes altas de la región costera atlántica. Apenas una treintena de subpoblaciones ocupan varios manchones severamente fragmentados entre el matorral de romero silvestre del interior y de las dunas costeras de la región.

Este liquen está amenazado principalmente por la pérdida y fragmentación de su hábitat en las partes altas, y por la presencia de huracanes en las partes costeras del Norte del Golfo de México. Otra amenaza constituye el manejo inadecuado de los incendios forestales en las zonas de propagación de la especie. Un solo huracán o un incendio pueden reducir la población en más del 70% o eliminarlo completamente.

En 1993, el liquen perforado de los renos fue la primera especie de liquen enlistada en el Acta de Especies Amenazadas (AES) de los Estados Unidos. Lo anterior implica que todas las instancias propietarias de predios estatales con presencia de esta especie son responsables por su protección y su conservación. Adicionalmente, el estado de Florida tiene un programa de conservación que monitorea a todas las especies listadas. Bajo este programa, por lo menos dos sitios en las elevaciones del Lago Wales han sido adquiridos con el objeto de proteger a la especie.

También se han puesto en marcha estudios sobre el impacto de los huracanes y sobre la recuperación después de los incendios, así como sobre la viabilidad de su reintroducción. También se están implementando la gestión de manejo apropiada de incendios.

Giant pangasius, *Pangasius sanitwongsei*
CRITICALLY ENDANGERED

The giant pangasius inhabits the Chao Phraya and Mekong river basins in Cambodia, Laos, Thailand, Vietnam, and possibly China (Yunnan Province). Threats to this catfish species include overfishing, pollution, habitat fragmentation, and possible decline in prey. Recent plans to construct mainstream dams on the Mekong, most notably the Xayaburi Dam in northern Laos, pose significant new threats. The Xayaburi Dam site is a critical habitat for the species and the dam will disrupt migratory and spawning behavior by altering water flow and cues to migration. It will also block upstream spawning migrations and slow downstream dispersal.

The threat status of giant pangasius necessitates regulation of harvest until the ecology, habitat, and population status can be better understood. Further research on the behavior of this species is also needed as little is currently known about the fish's migratory pathways and spawning habitat. A management plan based on ecology, conservation status, and threats should be developed, together with freshwater protected areas to decrease fishing pressure.

Pangasius gigante, *Pangasius sanitwongsei*
EN PELIGRO CRÍTICO

El pangasius gigante habita las cuencas de los ríos Chao Phraya y Mekong en Camboya, Laos, Tailandia y Vietnam y quizás la Provincia China de Yunnan. Las amenazas contra este bagre incluyen la sobrepesca, la contaminación, la fragmentación de su hábitat y posiblemente la disminución de sus presas. Las recientes propuestas de construcción de presas en el cauce principal del Río Mekong, en particular la Presa Xayaburi al norte de Laos, representan una nueva e importante amenaza. Los sitios de construcción de las presas son parte crítica del hábitat de esta especie y se teme por los trastornos a los patrones migratorios y al comportamiento reproductivo por las modificaciones de los caudales que funcionan como indicadores para la migración. Las presas bloquearan las migraciones para el desove río arriba y estrangularan su dispersión río abajo.

La situación de especie amenazada del pangasius gigante hace necesaria una estricta regulación de su captura hasta que se comprendan mejor su medio ambiente natural, su hábitat y su situación poblacional. Igualmente es necesario el estudio del comportamiento de la especie y sus patrones migratorios, así como los sitios de desove. Es pues necesario desarrollar un plan de manejo basado en la ecología de la especie, su estado de conservación y las amenazas, sin olvidar la necesaria creación de áreas protegidas en los ecosistemas de agua dulce para disminuir la presión sobre esta especie.

Coquerel's sifaka, *Propithecus coquereli*
ENDANGERED

Coquerel's sifaka lives in a restricted area of northwestern Madagascar and faces endangerment because of habitat destruction and hunting. The primate represents one of nine sifaka species, all of which are either Endangered or Critically Endangered. These beautiful and highly distinctive creatures are members of the Indriidae family, the largest of the living lemurs, which also includes the indri and the woolly lemurs. These animals move by leaping from tree trunk to tree trunk in an upright position.

The lemurs of Madagascar—comprising 105 species and sub-species—are the greatest symbols of this island nation and its unique biodiversity. They have long been studied by The IUCN Red List, and there have been several Red Book publications and action plans focused entirely on lemurs. In the most recent Red List workshop for these primates, which took place in July 2012, 93 percent emerged as threatened, the highest percentage for any group of vertebrates assessed thus far. Of these, twenty-four species (23 percent) were considered Critically Endangered and forty-nine (48 percent) Endangered. These results indicate that Madagascar's lemurs represent the world's highest priority for primate conservation.

Sifaka de Coquerel, *Propithecus coquereli*
EN PELIGRO

La sifaka de Coquerel habita una restringida área del noroeste de Madagascar y se encuentra amenazada por la destrucción de su hábitat y por la cacería. Este primate es una de las siete especies de sifakas, todas ellas amenazadas o en peligro crítico. Estas hermosas y peculiares criaturas son miembros de la familia de los Indriidae, la mayor especie entre los lémures que incluyen al indri y al mono lanudo de Geoffroy. Estos animales se desplazan brincando entre los troncos de los árboles conservando una posición erguida.

Los lémures de Madagascar—que comprenden 105 especies y subespecies—son los mayores símbolos de esta nación isleña y son emblemáticos de su notable diversidad. Desde hace mucho tiempo han sido foco de atención para la Lista Roja y existen varias publicaciones del Libro Rojo y planes de acción enfocados enteramente en los lémures. En los más recientes talleres para el listado en la Lista Roja de estos primates que tuvo lugar en Julio de 2012, 93 porciento de las especies fueron consideradas amenazadas, el porcentaje más alto de cualquier vertebrado examinado hasta ahora. De éstas veinticuatro (23%) se encuentran en situación de peligro crítico y cuarenta y nueve (48%) amenazadas. Los resultados más actualizados indican que los lémures de Madagascar representan la prioridad mundial más elevada para la conservación de los primates.

Przewalski's horse, *Equus ferus przewalskii*
ENDANGERED

Przewalski's horse is the last true species of wild horse, and in 1969 the last wild individual was recorded in southwest Mongolia. Previously classified as Extinct in the Wild, the release of captive-bred individuals and the survival of their offspring in the wild has led to its improved status.

It is believed that this horse became extinct as a result of hunting, human conflict, competition with domestic livestock, habitat degradation, and capture. Today's reintroduced populations face threats from severe winters, resource exploitation, and contact with domestic horses, which cause hybridization and exposure to disease.

Reintroductions to the wild began in the 1990s, and today the Przewalski's horse lives in three sites: Hustai National Park, Great Gobi B Strictly Protected Area, and Seriin Nuruu. Mongolia's laws protect the horses, and since 2010 more than fifty mature individuals have survived in the wild, demonstrating a remarkable success story for conservation.

Caballo de Przewalski, *Equus ferus przewalskii*
EN PELIGRO

El caballo de Przewalski es una de las ultimas especies verdaderas de caballos salvajes. En 1969 el último individuo salvaje fue avistado en el sudeste de Mongolia. Previamente clasificado como "Extinto en Estado Silvestre", la liberación y supervivencia de las crías de cautiverio en el medio silvestre trajeron una mejoría a su situación.

Se cree que este caballo se extinguió como resultado de su caza; por los conflictos humanos; por competencia con ganado doméstico; por la degradación de su hábitat y por su domesticación. Hoy en día, las poblaciones reintroducidas se enfrentan a nuevas amenazas como los severos inviernos, la explotación de los recursos y el contacto con caballos domésticos, lo que ocasiona hibridación y los expone a enfermedades.

Las reintroducciones al medio natural iniciaron en la década de los noventa y actualmente el caballo de Przewalski habita principalmente en tres sitios de Mongolia: el Parque Nacional Hustai; el Área de Protección Estricta Gran Gobi B y la región montañosa Seriin Nuruu. Las leyes mongolas protegen al caballo de Przewalski y desde el año 2010 más de cincuenta animales adultos han sobrevivido en el medio natural, lo que demuestra un éxito notable para la conservación.

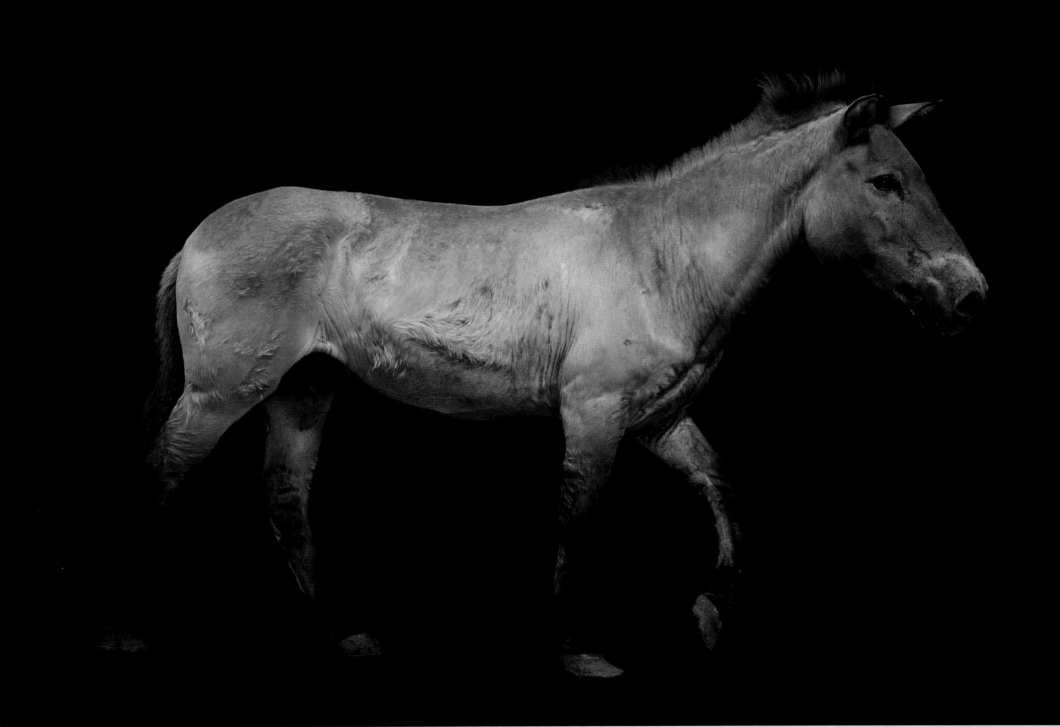

Beluga, *Huso huso*
CRITICALLY ENDANGERED

The beluga is the largest sturgeon in the world and the biggest freshwater fish in Europe. It occurs primarily in and around the Caspian and the Black Seas, and occasionally in the Adriatic and Mediterranean Seas. The main threats to the beluga's survival are overfishing, habitat loss, pollution, and illegal poaching for the female's eggs, which are sold as highly valuable caviar. Dams and silting, along with polluted waters, cause habitat destruction by altering river courses and damaging coastal habitats vital for the species' survival.

Hatcheries now support most beluga populations and are believed to be the only reason the species continues to survive in the Caspian Sea. The United States, the largest customer for beluga caviar, has now listed the species as threatened under the Endangered Species Act, resulting in suspended imports.

Esturión beluga, *Huso huso*
EN PELIGRO CRÍTICO

El esturión beluga es el pez de agua dulce más grande de Europa y el mayor de su especie. Se distribuye primordialmente en el corredor de los mares Caspio y Negro, y se le encuentra ocasionalmente en el Adriático y el Mediterráneo. Las principales amenazas para su supervivencia son la sobrepesca, la pérdida de su hábitat, la contaminación y la colecta ilegal de los huevos de la hembra pues tienen un precio muy alto en el mercado de caviar. Las presas y los asolvamientos, que junto con la contaminación destruyen su hábitat, alteran el curso de los ríos dañando los hábitats ribereños vitales para la supervivencia de esta especie.

En la actualidad, la mayoría de las poblaciones de esturión beluga cuentan con el respaldo de criaderos y se cree que esta es la única razón por la que aún sobrevive en el Mar Caspio. Hasta recientemente, el principal consumidor de caviar de esturión beluga fueron los Estados Unidos, que ahora ha suspendido su importación pues ha sido listada en el Acta de Especies en Peligro de Extinción.

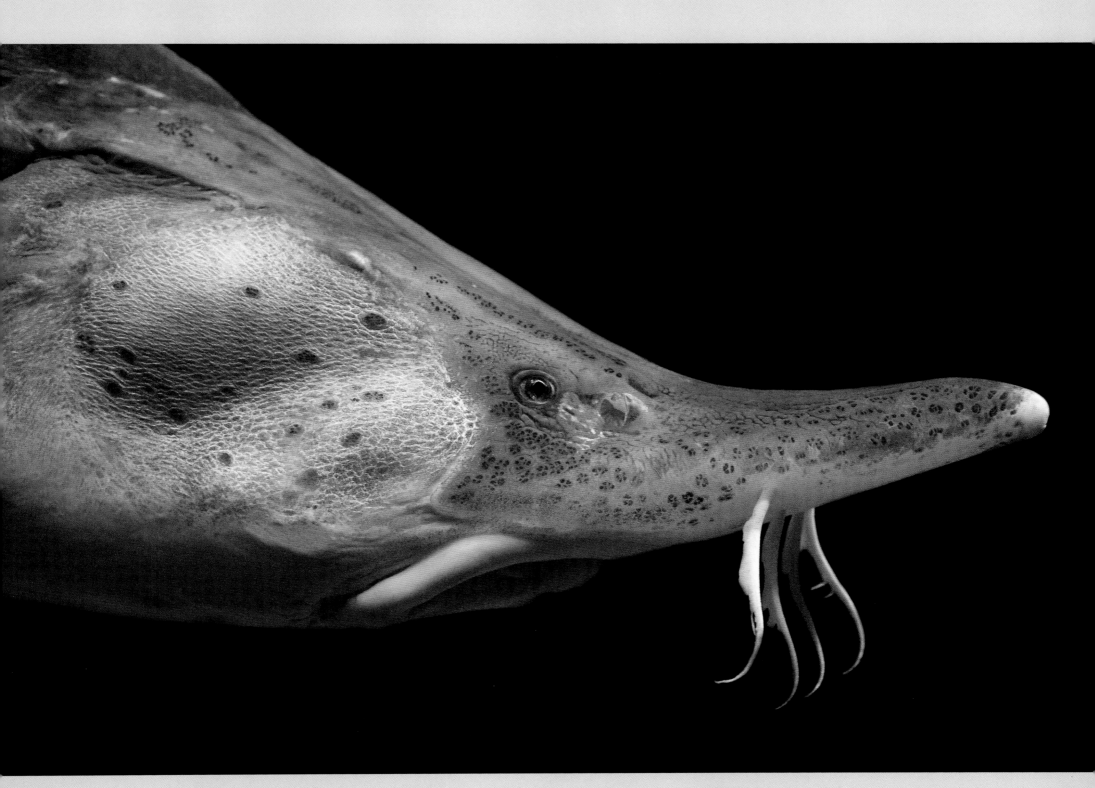

Orinoco crocodile, *Crocodylus intermedius*

CRITICALLY ENDANGERED

The Orinoco crocodile is both the largest species of crocodilian and the largest predator in the Americas. It is restricted to the middle and lower reaches of the Orinoco River and its tributaries in Venezuela and Colombia, South America. This species was hunted to the brink of extinction for its skin from the 1930s to the 1960s, and there has been no notable recovery in numbers since. Today, the primary factors causing the decline of this crocodile are habitat loss, accidental deaths in fishing nets, illegal hunting for meat, and the collection of eggs and juveniles. Spectacled caimans (*Caiman crocodilus*) are an additional threat, out-competing the Orinoco crocodile through greater numbers of individuals.

The export of this species is strictly controlled by CITES, and individuals occur in several protected areas. Venezuela operates six breeding and rearing facilities, which have successfully released more than seven thousand crocodiles into the wild. As a result, an established population of more than four hundred individuals, including more than thirty wild breeding females, is now found at the El Frío Biological Station.

Cocodrilo del Orinoco, *Crocodylus intermedius*

EN PELIGRO CRÍTICO

El cocodrilo del Orinoco es el cocodriliano y depredador más grande de sudamérica y su territorio se limita a los cursos medio y bajo del Río Orinoco y tributarios de Venezuela y Colombia, en América Latina. Desde los años treinta hasta los sesenta, esta especie fue cazada casi hasta su extinción para el aprovechamiento de la piel, y desde entonces ha tenido una recuperación notable. En la actualidad las principales causas del declive del cocodrilo son la pérdida de su hábitat; la captura incidental en redes de pesca; la cacería furtiva y la recolecta de huevos y cocodrilos juveniles. Otra amenaza es la competencia con el caimán común (*Caiman crocodilus*) que lo supera en número con poblaciones mucho mayores.

La exportación de esta especie está estrictamente regulada por CITES y se cuenta con su presencia en varias áreas protegidas. Venezuela tiene en operación un gran número de estaciones de reproducción y crianza en cautiverio que han logrado liberar exitosamente a más siete mil cocodrilos en el medio natural. El resultado de lo anterior es una población estable de más de 400 individuos en la Estación Biológica El Frío, incluyendo a más de treinta hembras silvestres en reproducción.

Luristan newt, *Neurergus kaiseri*
CRITICALLY ENDANGERED

The Luristan newt is a small species, reaching only thirteen centimeters in length, and it inhabits the Luristan Province of Iran. It is thought that the striking mosaic of black- and white-patches on its fiery orange dorsal stripe serve to warn potential predators of its toxicity.

The newt's population has declined to an estimated one thousand or fewer mature individuals. Habitat loss, severe droughts, and dams threaten its existence; however, the species' greatest threat is its growing demand in the international pet market.

Iranian laws protect the Luristan newt, but immediate action is needed to stop its illegal trade. Captive-breeding programs are under consideration as a measure to bolster populations.

Salamandra de Luristán, *Neurergus kaiseri*
EN PELIGRO CRÍTICO

La salamandra de Luristán es una especie pequeña que llega a medir apenas unos trece centímetros de largo y habita la Provincia iraní de Luristán. Se cree que el hermoso mosaico de parches en blanco y negro que adorna su espalda y la brillante línea anaranjada que engalana su espina dorsal son señales para advertir a los potenciales depredadores de su toxicidad. La población de salamandras ha disminuido hasta menos de mil individuos adultos. La pérdida de su hábitat, sequías severas y las represas amenazan su existencia, sin embargo, la mayor amenaza que enfrenta esta especie es su creciente demanda en el mercado internacional de mascotas.

Las leyes iraníes protegen a la salamandra de Luristán, aunque se deben emprender acciones inmediatas para detener su tráfico ilegal. Se están considerando programas de cría en cautiverio como medida de refuerzo para las poblaciones.

Fishing cat, *Prionailurus viverrinus*
ENDANGERED

The fishing cat is strongly associated with wetland habitats and frequently enters water to prey upon fish. This cat has been extirpated from much of its former range across South and Southeast Asia and is now rarely encountered.

The main threat to the fishing cat is the destruction and degradation of its habitat as a result of urban encroachment, drainage for agriculture, pollution, aquaculture, and logging. Although not usually perceived as a commercially valuable species, it also falls victim to snares set for other mammals, and its fur may be traded in some Asian markets. This species may also be hunted for food, or in retribution for preying on livestock or taking fish from nets.

With 94 percent of globally significant wetlands in Southeast Asia considered to be under threat, the main conservation priority for the fishing cat is to increase the protection afforded to its remaining wetland habitat.

Gato pescador, *Prionailurus viverrinus*
EN PELIGRO

El gato pescador está íntimamente asociado a los hábitats de humedales y con frecuencia entra al agua para alimentarse de peces. Este gato ha sido extirpado en gran parte de sus dominios en el Sur y Sudeste de Asia y hoy en día es muy raro encontrarlo.

La principal amenaza para el gato pescador es la degradación y la destrucción de su hábitat resultado de la expansión urbana: drenado de los humedales para uso agrícola; por la contaminación, la acuacultura y la tala. Aunque generalmente no se le considera una especie de valor comercial, a veces es víctima de las trampas para otros mamíferos y su piel llega a ser traficada en algunos mercados asiáticos. Esta especie eventualmente es cazada para alimento o es cazada como retribución por el hurto de ganado o peces de cría.

Con noventa y cuatro por ciento de los humedales de importancia global del sudeste asiático bajo amenaza, la principal prioridad de conservación del gato pescador consiste en incrementar la protección a su hábitat remanente.

Wyoming toad, *Anaxyrus baxteri*
EXTINCT IN THE WILD

The Wyoming toad is native to the State of Wyoming, as its name suggests. Until the 1950s, it was common and often found in the short grass that edges ponds and lakes. A notable and unexplained decline began in the 1960s, and by the mid-1980s the toads were believed extinct. In 1987 a small population was found at Mortenson Lake, Wyoming, and by the 1990s a captive-breeding program using this population was underway.

Mortenson Lake is now a National Wildlife Refuge and toadlets are annually reintroduced into this habitat. Sadly, few have survived mainly because of chytrid fungus—a deadly disease that is killing amphibians worldwide. Other causes for the species' current decline are predation, pollution, limited genetic diversity, and a drought-related increase in salinity levels of the lake.

Sapo de Wyoming, *Anaxyrus baxteri*
EXTINTO EN ESTADO SILVESTRE

El sapo de Wyoming es una especie nativa del estado de Wyoming en los Estados Unidos. Hasta la década de los cincuentas era una especie común que se encontraba en las orillas de lagos y lagunas. Una disminución notable e inexplicable tuvo lugar en la década de los sesenta y para mediados de los ochenta se creyó que los sapos se habían extinguido. En 1987 una pequeña población fue encontrada en el Lago Mortenson y en la década de los noventa se puso en funcionamiento un programa para su cría en cautiverio.

En la actualidad, el Lago Mortenson es un Refugio de Vida Silvestre y miles de renacuajos se reintroducen a este hábitat cada año. Tristemente pocos de éstos sobreviven debido, entre otros factores, al hongo quítridio—una enfermedad letal que está matando a los anfibios en todo el mundo. Otras amenazas incluyen la depredación, su limitada diversidad genética y el incremento de la salinidad del lago por sequía. Actualmente la población de esta especie continúa en declive.

African elephant, *Loxodonta africana*
VULNERABLE

The African elephant is the largest living terrestrial animal and inhabits much of Sub-Saharan Africa; however, its populations have become increasingly fragmented. Historically, poaching for ivory and meat has been the main cause of the species' decline. While illegal hunting remains a significant threat in some areas, human population expansion over much of the range contributes to habitat loss and fragmentation, which in turn increases human-elephant conflict. The African elephant receives various degrees of legal protection throughout its range, and international trade in elephant ivory is controlled under CITES. A number of range states permit sport hunting, and some countries have CITES export quotas for elephant trophies for noncommercial purposes.

Effective management and conservation initiatives have increased elephant numbers in southern and eastern Africa, but various targeted approaches are still urgently needed for the escalating problems that continue to face this intelligent and iconic species in the countries where it ranges.

Elefante africano, *Loxodonta africana*
VULNERABLE

El elefante africano es el animal terrestre viviente más grande del mundo y se le encuentra en la mayor parte de la región sub-sahariana de África, aunque actualmente sus poblaciones están cada vez más fragmentadas. Históricamente, la cacería furtiva por el marfil y su carne han sido la principal causa de abatimiento de la especie. Mientras que la caza ilegal sigue siendo la principal amenaza en algunas zonas, el crecimiento de los asentamientos humanos y el cambio de uso del suelo en sus dominios y la consecuente pérdida de su hábitat contribuye gradualmente al creciente conflicto entre los humanos y el elefante. El elefante africano recibe diferentes grados de protección a lo largo de su territorio y el comercio de marfil está controlado por CITES. Algunos sitios aún permiten la cacería deportiva y algunos países tienen cuotas de exportación de trofeos de éstos cuando es sin fines comerciales.

Las iniciativas para el manejo efectivo y conservación han permitido el incremento en el número de elefantes en el Sur y en el Este de África, aunque aún se contemplan otros abordajes contra el detrimento territorial que sufre esta inteligente y emblemática especie en todos los países dentro de sus territorios.

Eastern long-beaked echidna, *Zaglossus bartoni*
CRITICALLY ENDANGERED

The eastern long-beaked echidna belongs to the distinct group of mammals known as the monotremes and makes its home on the island of New Guinea. The species has declined because of habitat loss and overhunting by local people. The remaining populations now reside in the highest parts of the island's mountains and may face future threats from a proposed nickel mine.

This species occurs in a few protected areas and is listed on CITES Appendix II to ensure strict regulation of its international trade. However, few conservation measures have been implemented for this unique mammal, despite recommendations for hunting regulations, habitat protection, and further field studies.

Equidna de hocico largo oriental, *Zaglossus bartoni*
EN PELIGRO CRÍTICO

El equidna de hocico largo oriental pertenece a un distintivo grupo de mamíferos conocidos como monotremas que habitan en la isla de Nueva Guinea. Esta especie ha declinado debido a la caza excesiva por los habitantes locales y por la pérdida de su hábitat. La población superviviente se encuentra en las partes más altas de las montañas y es posible que se enfrenten a nuevas amenazas por motivo de una propuesta para establecer allí la minería de níquel.

Esta especie vive solo en unas cuantas áreas protegidas y está enlistada en el Apéndice II de CITES que establece una regulación estricta contra el tráfico internacional ilegal. A pesar de ello, pocas son las medidas de conservación que se han implementado para ayudar a este singular animal, a pesar de las recomendaciones para regularizar su caza, para proteger su hábitat y para llevar a cabo los estudios de campo necesarios.

Axolotl, *Ambystoma mexicanum*
CRITICALLY ENDANGERED

The axolotl is an extraordinary species that persists in a larval stage throughout its life. Its habitat is restricted to an area of less than 10 square kilometers in the Xochimilco borough on the southern edge of Mexico City. Although large numbers of axolotls live in captivity throughout the world, the wild population is extremely small. The greatest threat to the survival of this species is the increasing pollution of lakes and canals as Mexico City continues to grow. Capture for research and the pet trade have also contributed to population decline, but as the axolotl now breeds well in captivity, this threat has been reduced.

Conservation efforts for the axolotl focus on raising the profile of Lake Xochimilco through conservation education, nature tourism, and habitat restoration. In time, captive colonies of axolotls around the world may be helpful in reintroducing the species to areas of its historical range.

Axolotl, *Ambystoma mexicanum*
EN PELIGRO CRÍTICO

El axolotl o ajolote es una especie extraordinaria que mantiene su estadio larvario durante toda su vida. Su hábitat está restringido a un área de menos de 10 kilómetros cuadrados en el municipio de Xochimilco, en el extremo sur de la Ciudad de México. Aunque existen grandes cantidades de axolotls en cautiverio alrededor del mundo, la población silvestre de esta especie es sumamente pequeña. La principal amenaza para su supervivencia es la creciente contaminación de lagos y canales en la cada vez más grande Ciudad de México. La captura para investigación así como el comercio de mascotas también contribuyen a su disminución, aunque la cría del axolotl ha tenido éxito, lo que reduce la seriedad de la amenaza.

Los esfuerzos por conservar el axolotl se han enfocado en elevar el perfil del Lago Xochimilco a través de la educación, el turismo de naturaleza y la restauración del hábitat. Al cabo del tiempo, las colonias cautivas de axolotls alrededor del mundo podrían servir para reintroducir la especie en áreas de su dominio histórico.

Red wolf, *Canis rufus*
CRITICALLY ENDANGERED

The red wolf is one of the world's rarest canids. Formerly ranging throughout the southeastern United States and possibly as far north as Canada, this species has undergone a massive decline during the twentieth century. As a result, the red wolf was declared Extinct in the Wild in 1980, but has since changed status to Critically Endangered.

Historically, the red wolf population suffered as a result of persecution and habitat loss. Wolves were extensively trapped and shot as they were viewed as posing a threat to livestock and game. Today, hybridization with the closely related coyote (*Canis latrans*) poses the greatest threat to the species.

A highly successful recovery program has reintroduced the red wolf to an area of 1.7 million acres in northeastern North Carolina. While the species is fully protected within this range, its continued success relies on educational programs and public support.

Lobo rojo, *Canis rufus*
EN PELIGRO CRÍTICO

El lobo rojo es uno de los cánidos más raros. Antiguamente se distribuyó en todo el Sudeste norteamericano y posiblemente al Norte hasta Canadá. Esta especie sufrió una disminución enorme durante el Siglo XX y como resultado el lobo rojo fue declarado Extinto en Estado Silvestre en 1980, pero desde entonces su estatus ha cambiado a En Peligro Crítico.

Históricamente, la población del lobo rojo sufrió de persecución y pérdida de su hábitat. Los lobos fueron masivamente entrampados y ejecutados pues se tenía la creencia de que eran una amenaza para el ganado y para las presas de caza mayor. Actualmente, la hibridación con su pariente cercano el coyote (*Canis latrans*) constituye la principal amenaza para esta especie.

Un proyecto muy exitoso ha logrado reintroducir el lobo rojo a una extensión de alrededor de 688,000 hectáreas en Carolina del Norte. Si bien la especie se encuentra completamente protegida en sus dominios actuales, el éxito de los programas para su reintroducción depende del apoyo público y de los programas educativos que tienen lugar a lo largo de todas las áreas consideradas para su liberación.

Lord Howe Island stick insect, *Dryococelus australis*
CRITICALLY ENDANGERED

The Lord Howe Island stick insect is known to inhabit Australia's Lord Howe Island and Ball's Pyramid, a volcanic outcrop in the Tasman Sea, which is two hundred miles wide at the base.

The accidental introduction of predatory black rats to the island by the trading vessel SS *Makambo* in 1918 led to the species' extinction on Lord Howe Island, possibly as early as 1920. However, the insect was not officially declared Extinct until 1986. Other factors may threaten the remaining populations, such as habitat disturbance and illegal collection. A small number of the species survived on Ball's Pyramid, and these are listed as Critically Endangered. In the early 2000s, a pair was taken to begin a captive-breeding program that has been successful with more than nine thousand individuals being bred. Reintroduction of the species to Lord Howe Island will be implemented once the rats have been completely eradicated.

Insecto palo de la Isla de Lord Howe, *Dryococelus australis*
EN PELIGRO CRÍTICO

El insecto palo de la Isla de Lord Howe habita en la Isla Lord Howe en Australia y en la Pirámide de Ball, un afloramiento volcánico en el Mar de Tasmania de más de trescientos kilómetros de longitud.

La introducción accidental de ratas negras a la isla Lord Howe por el navío mercante SS *Makambo* en 1918, provocó la extinción del insecto posiblemente desde 1920. Sin embargo lo anterior no fue reconocido oficialmente sino hasta 1986. Otros factores que pueden llegar a amenazar a las poblaciones remanentes son las perturbaciones de su hábitat y su colecta ilegal. En la Pirámide de Ball sobrevive un pequeño número de individuos de esta especie que ahora se consideran en Peligro Crítico. A principios de la década de 2000 una pareja de especímenes se recolectó para iniciar un programa de cría en cautiverio que ha tenido un enorme éxito con más de 9 mil insectos criados hasta ahora. Su reintroducción a la Isla de Lord Howe se implementará una vez que las ratas hayan sido completamente erradicadas.

Giant sequoia, *Sequoiadendron giganteum*
ENDANGERED

The giant sequoia is endemic to the United States, where it is restricted to approximately sixty-seven groves on the western slopes of the Sierra Nevada mountain range in California. The tree is one of the largest on Earth, soaring 95 meters high. It has been known to live 3,200 years.

Historically, this pine tree suffered a devastating decline as a result of lumbering. Today, it is threatened by forest fires and lack of regeneration. Although the tree requires low-intensity fires for its regeneration, inadequate management practices in the past have allowed the accumulation of too much fuel load, resulting in greater loss of trees during fires. This, in turn, has prevented the species from regenerating and has made room for competitor species to proliferate.

The giant sequoia is now considered to be a national treasure, and as such is a highly valued tourist attraction. Almost the entire giant sequoia population occurs in protected areas, so the main conservation challenge is the long absence of naturally periodic fires in these areas. Measures put in place to help protect these magnificent trees include controlled burning and selective logging by the National Park Service.

Secuoya gigante, *Sequoiadendron giganteum*
EN PELIGRO

La secuoya gigante es endémica de los Estados Unidos y su distribución se restringe a unos sesenta y siete arboledas en las laderas occidentales de la Sierra Nevada de California. Este árbol es uno de los más grandes de la Tierra pues se alza a alturas hasta de 95 metros. Se sabe que han alcanzado a vivir hasta 3,200 años.

Históricamente esta especie de pino ha sufrido de un declive devastador de su población como resultado de la tala para el aprovechamiento de la madera. Actualmente, la especie se encuentra amenazada debido a los incendios forestales y la falta de regeneración. Aunque el árbol requiere de fuegos de baja intensidad, las prácticas de manejo inadecuadas que en el pasado permitieron la excesiva acumulación de materiales combustibles, han provocado que los incendios forestales amenacen la regeneración de los bosques provocando pérdidas mayores, lo que a su vez ha permitido la proliferación de especies competidoras.

Hoy, la secuoya gigante es considerada patrimonio nacional y como tal tiene un alto valor como atractivo turístico. Casi la totalidad de la cubierta de secuoyas se encuentra en áreas protegidas, por lo que el mayor reto para su conservación lo constituye la ausencia de los incendios periódicos naturales en esas áreas. Para ello, se han implementado medidas de protección para estos magníficos árboles, que incluyen la quema y tala controladas por el Servicio Nacional de Parques de los Estados Unidos.

Banggai cardinalfish, *Pterapogon kauderni*
ENDANGERED

The Banggai cardinalfish is found only in the Banggai Archipelago in eastern Indonesia. Striking black-and-white stripes and ornate fins mark the fish, increasing its desirability for aquarium hobbyists. Demand has risen, and traders collect the fish throughout the archipelago for shipment to international dealers. An estimated nine thousand fish are taken from reefs each year for the aquarium trade.

Currently there are captive-breeding programs to help supply the aquarium industry with cultivated specimens. Several organizations have also regulated trade of the species by advising aquarists to avoid purchase of individuals caught in the wild. Although the aquarium trade has negatively impacted this species, it has also unintentionally expanded the fish's range by introducing it to new habitats such as Lembeh, Indonesia.

Cardenal de Bangaii, *Pterapogon kauderni*
EN PELIGRO

El cardenal de Benggai se puede encontrar sólo en el Archipiélago de Benggai en Indonesia oriental. Sus impresionantes franjas blancas y negras, y sus adornadas aletas acrecientan su atractivo entre los aficionados al acuarismo. El incremento de su demanda hace que los compradores lo busquen en todo el archipiélago para luego enviarlo a los distribuidores internacionales.

Actualmente existen programas de reproducción en cautiverio para apoyar la demanda de la industria con especímenes cultivados. Varias organizaciones regulan el comercio de esta especie advirtiendo a los acuaristas que eviten la compra de individuos capturados en el medio natural. A pesar de que este comercio ha impactado negativamente a esta especie, también ha provocado la expansión eventual de su distribución, introduciéndolo a nuevos hábitats, como en el caso de Lembeh, en Indonesia.

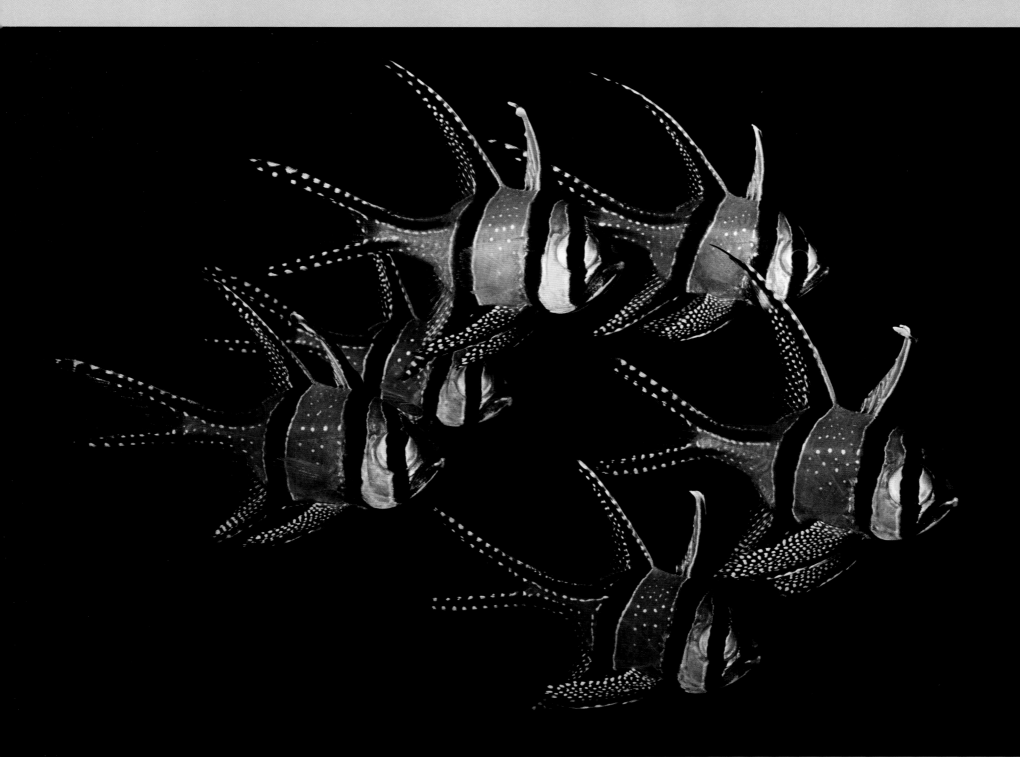

Pygmy hippopotamus, *Choeropsis liberiensis*
ENDANGERED

The pygmy hippopotamus is considerably less common than its larger and more famous relative, the hippopotamus. Pygmy hippos live in Liberia, Côte d'Ivoire, Guinea, and Sierra Leone, in West Africa.

Over the past century, the pygmy hippo's habitat has declined dramatically as a result of logging, farming, and human settlement. As deforestation continues and the animal's habitat becomes more fragmented, newly accessible populations are coming under increasing pressure from hunters. One population in Nigeria, comprising a distinct sub-species (*C. liberiensis heslopi*), may already be extinct.

Although conservation initiatives are ongoing, without more information on the species' status and a coordinated conservation strategy, the pygmy hippo may disappear from the wild. At present there is a strong captive population, which has doubled in size over the past twenty-five years, potentially providing a safeguard against total extinction.

Hipopótamo pigmeo, *Choeropsis liberiensis*
EN PELIGRO

El hipopótamo pigmeo es mucho menos común que su pariente de mayor fama y talla, el hipopótamo. Los hipopótamos pigmeos viven en Liberia, Costa de Marfil, Guinea y Sierra Leona en África.

Durante el siglo pasado, el hábitat del hipopótamo pigmeo ha disminuido de manera dramática como resultado de la tala, agricultura, y asentamientos humanos. La deforestación continúa y al irse fragmentando su hábitat, las poblaciones más accesibles comienzan a sufrir mayor presión de los cazadores. Una población de este hipopótamo en Nigeria que incluye una subespecie distinta (*C. liberiensis heslopi*) podría estar ya extinta.

Aunque las iniciativas de conservación continúan, en la ausencia de información acerca de la situación de la especie, sus amenazas y una estrategia coordinada, el hipopótamo pigmeo podría desaparecer de la naturaleza. En este momento existe una buena población cautiva, la cual se ha reproducido con éxito y ha duplicado sus números durante los últimos veinticinco años. Esto podría potencialmente salvaguardar a esta especie contra la extinción total.

Grus japonensis
Red-crowned crane/
Grulla Manchú
ENDANGERED/EN PELIGRO

TIM LAMAN

The IUCN Red List bears testimony to human involvement in a sixth extinction. Creatures are silently slipping off the planet without humankind acknowledging their passing. The IUCN Red List is a moral beacon, crying out for us to act!

ADAM and JESSICA SWEIDAN
Synchronicity Earth

.　.　.

The IUCN Red List is a keystone of research and guidance by scientists and conservationists working with global biodiversity. It also has had, and continues to have, a powerful impact on the general public's interest in biodiversity. I consider its survival and health to be vital.

EDWARD O. WILSON
University Research Professor Emeritus, Harvard University

La Lista Roja de la UICN es un testimonio del involucramiento humano en la sexta extinción. Las criaturas se desvanecen silenciosamente del planeta sin que la Humanidad se entere siquiera de su desaparición. La Lista Roja es un referente moral que nos pide a gritos que actuemos.

ADAM y JESSICA SWEIDAN
Synchronicity Earth

.　.　.

La Lista Roja de la UICN es la piedra angular de investigación y orientación elaborada por científicos y conservacionistas que trabajan con la diversidad biológica del mundo. La lista ha tenido y sigue teniendo, un poderoso impacto en el público interesado en la biodiversidad. Yo considero de primordial importancia su supervivencia y buena salud.

EDWARD O. WILSON
Profesor Emérito e Investigador de la Universidad de Harvard

<CR>

Aceros waldeni
Rufous-headed hornbill/
Cálao pico torcido
CRITICALLY ENDANGERED/
EN PELIGRO CRÍTICO
TIM LAMAN

preceding pages/páginas anteriores
(134–35)
Eretmochelys imbricata
Hawksbill turtle/Tortuga de carey
CRITICALLY ENDANGERED/
EN PELIGRO CRÍTICO

DAVID DOUBILET/NAT GEO CREATIVE

Canis simensis
Ethiopian wolf/Lobo etíope
ENDANGERED/EN PELIGRO

MARTIN HARVEY

136

 EN

Macaca silenus
Lion-tailed macaque/
Macaco barbudo
ENDANGERED/EN PELIGRO

Duellmanohyla soralia
Copan brook frog/Ranita de arroyo liquenosa
CRITICALLY ENDANGERED/
EN PELIGRO CRÍTICO

ROBIN MOORE

Eleutherodactylus thorectes
Macuya breast-spot frog/Coquí común
CRITICALLY ENDANGERED/
EN PELIGRO CRÍTICO

ROBIN MOORE

 EN

Pardofelis badia
Borneo bay cat/
Gato rojo de Borneo
ENDANGERED/EN PELIGRO
ART WOLFE/ARTWOLFE.COM

Hydrothelphusa madagascariensis
Madagascar freshwater crab/
Cangrejo de agua dulce de Madagascar
LEAST CONCERN/PREOCUPACÍON MENOR

CRISTINA MITTERMEIER

Shorea trapezifolia
Yakahalu
CRITICALLY ENDANGERED/
EN PELIGRO CRÍTICO

Epinephelus itajara
Atlantic goliath grouper/Guasa
CRITICALLY ENDANGERED/
EN PELIGRO CRÍTICO
DOUGLAS SEIFERT

 Trachypithecus poliocephalus
White-headed langur/
Langur de cabeza dorada
CRITICALLY ENDANGERED/
EN PELIGRO CRÍTICO
JED WEINGARTEN

 VU

Hippopotamus amphibius
Hippopotamus/Hipopótamo
VULNERABLE
ART WOLFE/ARTWOLFE.COM

Parnassius apollo
Apollo butterfly/Mariposa Apollo
VULNERABLE

A.CAMBONE/R.ISOTTI/HOMO AMBIENS

following pages/páginas siguientes (156–57)
Strix occidentalis
Spotted owl/Búho manchado
NEAR THREATENED/CASI AMENAZADO

MICHAEL NICHOLS/NAT GEO CREATIVE

154

Oryx dammah
Scimitar-horned oryx/
Orix de cimitarra
EXTINCT IN THE WILD/
EXTINTO EN ESTADO SILVESTRE
MARTIN HARVEY

The IUCN Red List has demonstrated its scientific value over decades and stands as a consistent and meaningful source of data for creating indices of change. It has penetrated the public consciousness, drawing attention to the impact of unchecked development on the natural world. As such, the United Nations Environment Program (UNEP) is pleased to be associated with this resource.

IBRAHIM THIAW
United Nations Assistant Secretary General
Deputy Executive Director of UNEP

∎ ∎ ∎

The IUCN Red List is an important tool for conservation. We use it as a critical source for funding conservation actions. It provides a common reference point for all of us working for the survival of the planet.

LYNDA MANSSON
Director General, The MAVA Foundation

La Lista Roja de la UICN ha demostrado su valor científico durante décadas y se mantiene como la fuente de datos más significativa para la formación de elementos de cambio. Ha penetrado en la conciencia del público atrayendo la atención sobre el impacto del desarrollo sin supervisión en el mundo natural. Como tal, el Programa de las Naciones Unidas para el Medio Ambiente (PNUMA) se enorgullece de su asociación con la UICN para la elaboración de este recurso.

IBRAHIM THIAW
Subsecretario General de Naciones Unidas
y Director Ejecutivo Adjunto del PNUMA

∎ ∎ ∎

La Lista Roja de la UICN es una importante herramienta para la conservación. La utilizamos como una fuente decisiva para el financiamiento de gestiones. Nos proporciona un punto de referencia común para todos los que trabajamos en la supervivencia del planeta.

LYNDA MANSSON
Directora General, Fundación MAVA

Calopteryx syriaca
Syrian demoiselle/Libélula siria
ENDANGERED/EN PELIGRO
SEYED BAGHER MOUSAVI

Enhydra lutris
Sea otter/Nutria marina
ENDANGERED/EN PELIGRO

MILO BURCHAM

 Varanus komodoensis
Komodo dragon/
Dragón de Komodo
VULNERABLE
STEFANO UNTERTHINER

165

Gorilla beringei beringei
Mountain gorilla/Gorila de montaña
ENDANGERED/EN PELIGRO

MARTIN HARVEY

Protobothrops mangshanensis
Mangshan pit viper/
Víbora de fosetas del
monte Mangshan
ENDANGERED/EN PELIGRO

EDGAR WEFER

 ‹EN›
Balaenoptera borealis
Sei whale/Ballena sei
ENDANGERED/EN PELIGRO

171

Diomedea exulans
Wandering albatross/Albatros errante
VULNERABLE

PAUL NICKLEN

172

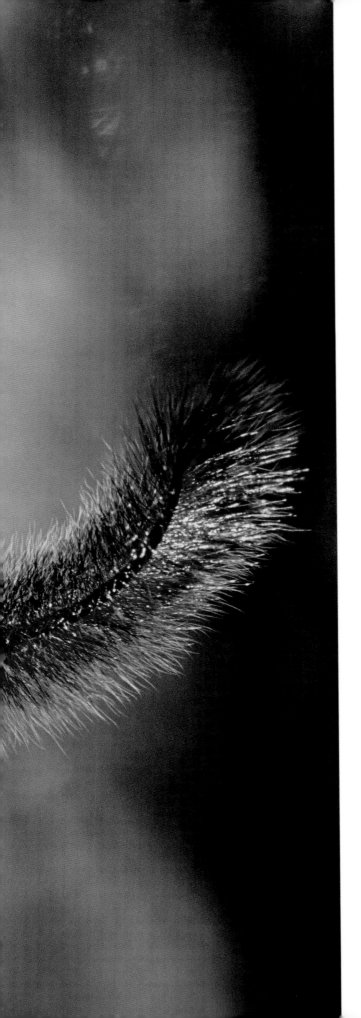

 Myrmecobius fasciatus
Numbat/
Hormiguero marsupial
ENDANGERED/EN PELIGRO
FRANS LANTING/LANTING.COM

Nilgiritragus hylocrius
Nilgiri tahr/Tahr de Nilgiri
ENDANGERED/EN PELIGRO

FRANS LANTING/LANTING.COM

following pages/páginas siguientes
(178-79)
Acropora cervicornis
Staghorn coral/Coral cuernos de alce
CRITICALLY ENDANGERED/
EN PELIGRO CRÍTICO

CLAUDIO CONTRERAS KOOB

Nasalis larvatus
Proboscis monkey/Mono narigudo
ENDANGERED/EN PELIGRO

TIM LAMAN

180

For governmental agencies in charge of conserving biodiversity there is no indicator of greater relevance than The IUCN Red List. Many laws on biodiversity use the Red List as their cornerstone. It is one of the very few biodiversity indicators that has become mainstream in government decision making.

H. E. RAZAN KHALIFA AL MUBARAK
Secretary General, Environment Agency, Abu Dhabi, United Arab Emirates

. . .

The IUCN Red List of Threatened Species is the most influential, science-based product guiding biodiversity conservation investments globally. As an example, it has become a key component of the Global Environment Facility's (GEF) Benefits Index for Biodiversity, which has strategically distributed billions of dollars in resources to developing countries.

GUSTAVO A. B. DA FONSECA
Head, Natural Resources, Global Environment Facility (GEF)

Para las agencias gubernamentales encargadas de conservar la biodiversidad, no hay indicador más relevante que La Lista Roja de la UICN. Muchas legislaciones sobre biodiversidad utilizan a la lista como piedra angular.

H. E. RAZAN KHALIFA AL MUBARAK
Secretario General, Agencia del Medio Ambiente, Abu Dhabi, Emiratos Árabes Unidos

. . .

La Lista Roja de Especies Amenazadas de la UICN es el producto científico de mayor influencia global para las inversiones en conservación y para la diversidad biológica. Ejemplo de esto es la manera en que la lista se ha convertido en un componente clave del Fondo de Beneficios del FMAM, que ha colocado de manera estratégica recursos por miles de millones de dólares en los países en desarrollo.

GUSTAVO A. B. DA FONSECA
Director, Recursos Naturales, Fondo para el Medio Ambiente Mundial (FMAM)

<CR>

Mirimiri acrodonta
Fijian monkey-faced bat/
Murciélago fiyiano
CRITICALLY ENDANGERED/
EN PELIGRO CRÍTICO
JÖRG KRETZSCHMAR/NATURE FIJI

 EN

Pongo pygmaeus
Bornean orangutan/
Orangután de Borneo
ENDANGERED/EN PELIGRO

FRANS LANTING/LANTING.COM

185

Cryptoprocta ferox
Fossa/Fossa de Madagascar
VULNERABLE

 Paracilacris periclitatus
Imperiled katydid/
Saltamontes en peligro
CRITICALLY ENDANGERED/
EN PELIGRO CRÍTICO
PIOTR NASKRECKI

Acinonyx jubatus
Cheetah/Güepardo o chita
VULNERABLE

Tarsius bancanus
Horsfield's tarsier/Tarsero de bancanus
VULNERABLE

TIM LAMAN

Hapalemur aureus
Golden bamboo lemur/Lemur cariancho
ENDANGERED/EN PELIGRO

FRANS LANTING/LANTING.COM

Megadyptes antipodes
Yellow-eyed penguin/
Pingüino de ojos amarillos
ENDANGERED/EN PELIGRO

PETE OXFORD

 EN

Tapirus bairdii
Baird's tapir/Danta o tapir
ENDANGERED/EN PELIGRO
CLAUDIO CONTRERAS KOOB

197

Grallaria ridgelyi
Jocotoco antpitta/Tororoí jocotoco
ENDANGERED/EN PELIGRO

PETE OXFORD

Panthera leo persica
Indian lion/León indostánico
ENDANGERED/EN PELIGRO
MATTIAS KLUM/NAT GEO CREATIVE

201

 Argyroxiphium sandwicense macrocephalum
Haleakala silversword/Espada plateada
VULNERABLE

 VU

Parotia wahnesi
Wahnes's parotia/
Ave-del-paraíso de Wahnes
VULNERABLE

TIM LAMAN

205

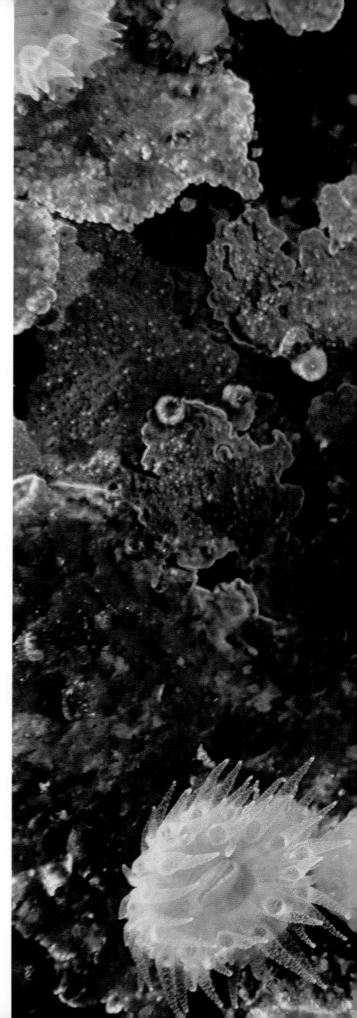

Haliotis kamtschatkana
Pinto abalone/Abulón del norte
ENDANGERED/EN PELIGRO

FLIP NICKLIN/MINDEN PICTURES/
NAT GEO CREATIVE

 CR

Bradypus pygmaeus
Pygmy three-toed sloth/
Perezoso pigmeo
CRITICALLY ENDANGERED/
EN PELIGRO CRÍTICO
BILL HATCHER/NAT GEO CREATIVE

Dugong dugon
Dugong/Dugón
VULNERABLE

DOUGLAS SEIFERT

Equus hemionus
Asiatic wild ass/
Asno salvaje asiático
ENDANGERED/EN PELIGRO

PETE OXFORD

213

 Amblyrhynchus cristatus
Galápagos marine iguana/
Iguana marina
VULNERABLE

TIM LAMAN

Ailuropoda melanoleuca
Giant panda/Panda gigante
ENDANGERED/EN PELIGRO

ERIC BACCEGA

following pages/páginas siguientes (218–19)
Myotis sodalis
Indiana bat/Murciélago de Indiana
ENDANGERED/EN PELIGRO

ART WOLFE/ARTWOLFE.COM

 <CR>

Diceros bicornis
Black rhinoceros/Rinoceronte negro
CRITICALLY ENDANGERED/
EN PELIGRO CRÍTICO

 LC>

Equus quagga
Plains zebra/Cebra de las llanuras
LEAST CONCERN/PREOCUPACÍON MENOR

ROBIN MOORE

 EN

Elephas maximus
Asian elephant/
Elefante asiático
ENDANGERED/EN PELIGRO
JAGDEEP RAJPUT/ARDEA.COM

223

Macaca nigra
Celebes crested macaque/
Macaco negro
CRITICALLY ENDANGERED/
EN PELIGRO CRÍTICO
STEFANO UNTERTHINER

 EN

Panthera uncia
Snow leopard/
Leopardo de las nieves
ENDANGERED/EN PELIGRO

STEVE WINTER/NAT GEO CREATIVE

227

Trichechus manatus latirostris
Florida manatee/
Manatí de Florida
ENDANGERED/EN PELIGRO

PAUL NICKLEN

 Ducula galeata
Marquesan imperial-pigeon/
Dúcula de las Marquesas
ENDANGERED/EN PELIGRO

TIM LAMAN

Camelus ferus
Bactrian camel/Camello bactriano
CRITICALLY ENDANGERED/
EN PELIGRO CRÍTICO
ART WOLFE/ARTWOLFE.COM

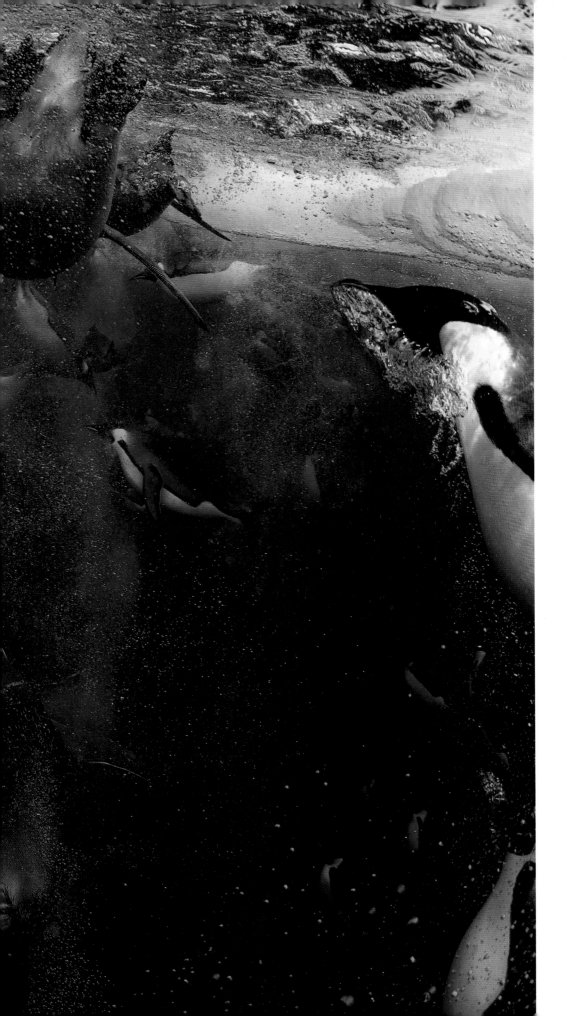

 Aptenodytes forsteri
Emperor penguin/
Pingüino emperador
NEAR THREATENED/
CASI AMENAZADO
PAUL NICKLEN

 Sphyrna mokarran
Great hammerhead shark/
Tiburón martillo
ENDANGERED/EN PELIGRO
BRIAN SKERRY/NAT GEO CREATIVE

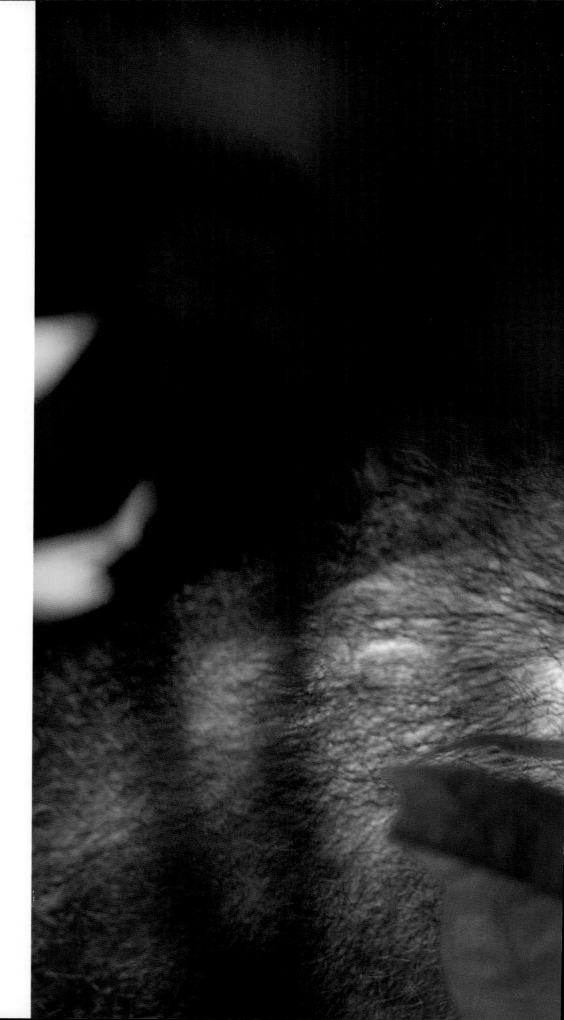

Pan paniscus
Bonobo/Chimpancé pigmeo
ENDANGERED/EN PELIGRO

CHRISTIAN ZIEGLER

Bison bonasus
European bison/
Bisonte europeo
VULNERABLE

 ‹EN›

Romerolagus diazi
Volcano rabbit/Teporingo
ENDANGERED/EN PELIGRO
CLAUDIO CONTRERAS KOOB

 ‹VU›

Carcharodon carcharias
Great white shark/
Tiburón blanco
VULNERABLE

AMOS NACHOUM

245

 Casuarius casuarius
Southern cassowary/
Casuario común
VULNERABLE

CHRISTIAN ZIEGLER

Zalophus wollebaeki
Galápagos sea lion/
Lobo marino de las Galápagos
ENDANGERED/EN PELIGRO

TIM LAMAN

Xanthomyza phrygia
Regent honeyeater/Mielero regente
CRITICALLY ENDANGERED/
EN PELIGRO CRÍTICO
JAN WEGENER

250

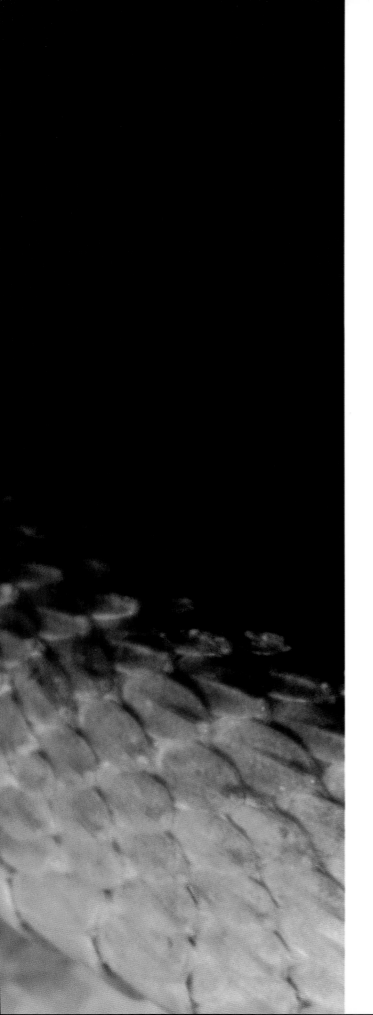

Atheris ceratophora
Usambara eyelash viper/
Víbora arbórea de Usambara
VULNERABLE

ZOLTAN TAKACS

253

 Myrmecophaga tridactyla
Giant anteater/
Hormiguero gigante
VULNERABLE

JOEL SARTORE

 NT

Panthera onca
Jaguar/Jaguar
NEAR THREATENED/
CASI AMENAZADO
NICK GORDON/NATUREPL.COM

257

 ‹EN›

Nepenthes rajah
Rajah Brookes pitcher plant/
Planta de Jarro del Raja Brookes
ENDANGERED/EN PELIGRO

CHRISTIAN ZEIGLER

 Brachylophus vitiensis
Fiji crested iguana/
Iguana de Fiji
CRITICALLY ENDANGERED/
EN PELIGRO CRÍTICO
TIM LAMAN

261

The IUCN Red List of Threatened Species is used to calculate one-third (7 of 22) of the indicators that the Convention on Biological Diversity agreed upon as being a global priority. This information is the single most important and versatile tool enabling us to monitor progress in the achievement of Aichi Biodiversity Targets in four of the five Strategic Goals of the Strategic Plan for Biodiversity 2011–2020, and to adjust and plan measures and policies aimed at achieving the three objectives of the convention.

BRAULIO DIAS
Executive Secretary, Convention on Biological Diversity

Utilizamos La Lista Roja de Especies Amenazadas de la UICN para calcular una tercera parte (7/22) de los indicadores que la Convención de la Diversidad Biológica reconoció como prioridad global. Esta información es la principal y más versátil herramienta que nos permite dar seguimiento al avance de las metas de Biodiversidad de Aichi, y en cuatro de las cinco Metas del Plan Estratégico para la Diversidad Biológica 2011-2020, así como para ajustar y planear medidas y políticas que nos acerquen a los tres objetivos de la convención.

BRAULIO DIAS
Secretario Ejecutivo, Convención para la Diversidad Biológica

Thunnus maccoyii
Southern bluefin tuna/
Atún aleta azul
CRITICALLY ENDANGERED/
EN PELIGRO CRÍTICO
BRANDON COLE

preceding pages/páginas anteriores (264–65)
Hydrurga leptonyx
Leopard seal/Foca leopardo
LEAST CONCERN/PREOCUPACÍON MENOR

PAUL NICKLEN

Adansonia grandidieri
Grandidier's baobab/
Baobab de Grandidier
ENDANGERED/EN PELIGRO

CRISTINA MITTERMEIER

 EN

Anodorhynchus hyacinthinus
Hyacinth macaw/
Guacamayo azul
ENDANGERED/EN PELIGRO

PETE OXFORD

Rhinopithecus roxellana
Golden snub-nosed monkey/
Langur chato dorado
ENDANGERED/EN PELIGRO

JED WEINGARTEN

Rhinopithecus bieti
Black snub-nosed monkey/
Langur chato negro
ENDANGERED/EN PELIGRO

JED WEINGARTEN

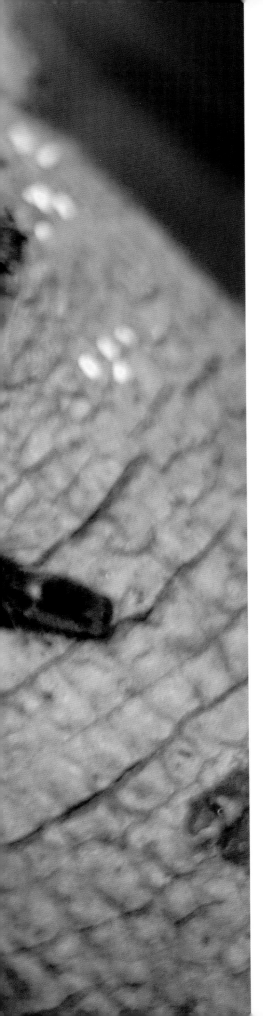

 Poecilotheria metallica
Peacock tarantula/
Tarántula metálica
CRITICALLY ENDANGERED/
EN PELIGRO CRÍTICO
SANJAY MOLUR/WILD-ZOO

273

Melanotaenia boesemani
Boeseman's rainbowfish/Pez arcoíris
ENDANGERED/EN PELIGRO

BRUNO CAVIGNAUX

274

Marasmius haematocephalus
Mauve parachute/
Sombrerito púrpura
NOT EVALUATED/
NO EVALUADO
STEPHEN AXFORD/HOTSPOT MEDIA

277

REFLECTIONS ON THE VALUE OF SPECIES

"Look deeply into nature, and then you will understand everything better."
ALBERT EINSTEIN

To look deeply into Nature is to realize that everything within the biosphere is interconnected, and that species play a vital role in sustaining life. The belief that the Earth can afford the loss of species without major foreseen and unforeseen consequences is both erroneous and dangerous. In allowing species to go extinct, we are behaving like the passengers in Paul and Anne Ehrlich's "rivet-popper" hypothesis. Comparing the Earth's ecology to an airplane, the Ehrlichs put forth the idea that the Earth's species are like the rivets that hold a plane together. If every passenger on a flight were to remove a single rivet believing there would be no consequence, the plane would fall apart and crash. As our planet's ecology depends on an interconnection of species, the same idea applies to Earth. Although we may never know how the removal of each "rivet" might affect the overall balance of life, the aggregate of removing species, sooner or later, will be catastrophic.

As with airplane rivets, all species have a role to play in the fabric of life, but it has been easier to gain support for saving flagship species and iconic or charismatic animals. Support also comes easier for species that benefit mankind through the known ecological services they provide, such as bees providing pollination. Nonetheless, because of the biosphere's inter-connectedness, we must save all species, not just the popular ones.

Charismatic or not, examples of the dire consequences of the extinction of species abound, as does the evidence of the effects of one species' extinction on the whole system. For example, there is a natural balance between predator and prey; if predators disappear,

REFLECCIONES EN CUANTO AL VALOR DE LAS ESPECIES

"Observa profundamente la Naturaleza y entonces comprenderás todo mejor."
ALBERT EINSTEIN

Mirar dentro de la naturaleza es darse cuenta de que dentro de la biosfera todo está interconectado y que las especies juegan un importante papel que da forma a la vida. La creencia de que la Tierra puede darse el lujo de perder especies sin sufrir consecuencias tanto previstas como imprevistas, es tanto apocalíptica como predecible. Al permitir la extinción de las especies nos estamos comportando como los pasajeros en la hipótesis de la "pérdida de los remaches" de Anne y Paul Ehrlich. Al comparar a la ecología de la Tierra con un avión, los Ehrlich ilustran la idea de que las especies de la Tierra, son como los remaches que mantienen la integridad de un avión. Si cada pasajero en un vuelo eliminara un sólo remache con la creencia de que esto no tendría ninguna consecuencia, el avión eventualmente se desmantelaría y caería del cielo. Debido a que la ecología de nuestro planeta depende de la interconexión de las especies, la misma idea se puede aplicar a la Tierra, y aunque nunca sepamos la manera en la que la eliminación de un sólo "remache" pueda afectar el equilibrio de la vida, el conjunto de la eliminación de especies será catastrófico.

Como los remaches de un avión, todas las especies son igualmente importantes. Sin embargo, ha sido más fácil generar apoyo para salvar a las especies bandera o a las que son icónicas o carismáticas. También es más fácil generar apoyo para aquellas especies que benefician a la Humanidad a través de los servicios ecológicos que proporcionan, tal como es el caso de la polinización que proporcionan las abejas. Empero, debido a la interconexión de la biosfera, debemos salvar a todas las especies y no solamente a las que son populares.

unchecked growth of prey can disturb an ecosystem's balance. The extirpation of the gray wolf from Yellowstone National Park resulted in the overpopulation of elk, which overgrazed on the upland aspen and cottonwood, in turn creating a series of imbalances among other predators, birds, plants, and other life forms. Loss of a species results in a domino effect of popping rivets, whether immediately obvious or not. In habitats where biodiversity is low, the interdependence of species can become dangerously linear and in general the more biodiversity there is in a system, the higher its resilience to collapse. The continuing depletion of biodiversity is leading to the degradation of the Earth's health.

Currently, the rate of extinction is alarming. In the past few decades, extinction caused by humans has grown by one hundred to possibly as much as one thousand times the normal extinction rate. This shocking conclusion is further supported by the findings of The IUCN Red List, which documents that at least 30 percent of Earth's species that have been assessed are threatened. Unless there is a radical change in our behavior, species will slide from Vulnerable to Endangered to Critically Endangered, to Extinct in the Wild, to Extinct, period—an irreversible fate.

The reality is that the current loss of species is likely to be eradicating species with life-changing curative properties, such as the one found in the fungus *Penicillin notatum,* the original source of antibiotics. Fortunately, the global conservation community, and indeed society in general, increasingly acknowledges both the value of species for their own sake—the existential and cultural values—the "intrinsic" arguments of preserving species for their own value, as

Sean o no carismáticas, ejemplos de las serias consecuencias de la extinción de las especies abundan, así como la evidencia de los efectos que tiene la extinción de una especie en todo el sistema. Por ejemplo, existe un equilibrio natural entre presas y depredadores; si los depredadores desaparecen, se desata un crecimiento desmedido de presas que perturba el equilibrio del ecosistema. La extirpación del lobo gris del Parque Nacional de Yellowstone dio como resultado la sobrepoblación de alces, los cuales sobrepastorearon las arboledas de álamos y a su vez ocasionaron el desequilibrio entre otros depredadores, aves, plantas y otras formas de vida. La pérdida de especies siempre resulta en un efecto domino o de eliminación de remaches que finalmente conduce a la coextinción. En aquellos hábitats donde la biodiversidad es escasa, la interdependencia de las especies se vuelve peligrosamente lineal. A mayor biodiversidad, mayor resistencia al colapso se genera para todo el sistema. La continua eliminación de la biodiversidad eventualmente conducirá a la degradación y pérdida de la salud del sistema.

La tasa de extinción actual es alarmante. En las últimas décadas las extinciones ocasionadas por actividades humanas han aumentado a más de cien veces la tasa normal, y esa tasa va en camino a incrementar a más de mil veces. Los cálculos del eminente profesor de Harvard E. O.Wilson son aún más elevados y sugieren que hasta 270 especies se están perdiendo diariamente. Esta pavorosa conclusión es apoyada por los hallazgos de la Lista Roja de la UICN, la cual documenta que más del 30 por ciento de las especies evaluadas hasta el momento se encuentran amenazadas. A menos de que se dé un cambio radical en nuestro comportamiento las especies continuarán deslizándose de

well as the more "instrumental" viewpoint of saving species for direct economic benefit to humans.

The stability of life depends on biodiversity and the interconnectedness of all species, for in their interactions lie the components, the rivets, that make us and all other life forms possible. Biodiversity is our living context; it represents life's genetic library, holds the key to climate stabilization, harbors a cornucopia of cures, and improves our lives in countless ways. Earth is a magnificent bio-cosmic phenomenon, the known cradle of life in our universe. All species have become what they are as the result of a particular life manifestation, born from and for the environment that made their existence possible. These entities are interconnected and interdependent. The more we allow the rivets to be lost, the greater the risk to our own long-term well-being. The IUCN Red List of Threatened Species provides us with the most important tool for understanding the magnitude of this potential loss and the basis for preventing it.

RICHARD SNEIDER
Chair, IUCN/SSC Freshwater Fish Specialist Group

una situación de En Peligro, a En Peligro Crítico a Extinto en Estado Silvestre, a Extinto, punto—un destino irreversible.

La realidad es que de continuar con la tasa actual de extinción podríamos erradicar especies con propiedades curativas, como el hongo *Penicillin notatum,* la fuente original de los antibióticos. Afortunadamente la comunidad conservacionista a nivel mundial, y de hecho, la sociedad en general reconocen tanto el valor intrínseco de las especies—los valores existenciales y culturales, así como los valores prácticos de preservar a las especies por los beneficios que de ellas derivamos los humanos.

La estabilidad de la vida depende de la biodiversidad y de la interconexión de todas las especies, porque en esas interacciones es donde yacen los componentes, los remaches que hacen posible todas las formas de vida. La biodiversidad es nuestro contexto; en ella se alberga la biblioteca genética de la vida, la llave para estabilizar el clima, la cornucopia de medicamentos y curas y las miles de maneras para mejorar nuestras vidas. La Tierra es un fenómeno biocósmico magnífico, es la cuna de la vida en el universo. Todas las especies se convierten en lo que son como resultado de una manifestación particular de vida, nacidas por y para el medio ambiente que las hace posibles. Como entidades, están interconectadas y son interdependientes. Cuanto más permitamos la pérdida de remaches, mayor será el riesgo a nuestro bienestar a futuro. La Lista Roja de Especies Amenazadas de la UICN nos proporciona una importante herramienta para comprender la magnitud de esta potencial pérdida y nos da las bases para prevenirla.

RICHARD SNEIDER
Director del Grupo de Especialistas de Peces de Agua Dulce, UICN/SSC

THE LAST WAKE-UP CALL?

¿LA ÚLTIMA LLAMADA?

What of the future? Key challenges must be met in order to increase the power of The IUCN Red List of Threatened Species in combating the current extinction crisis and halting the loss of biodiversity.

The Red List needs to become the Earth's "barometer of life." What is more, in addition to understanding the conservation status of the majority of the world's vertebrate species, we also need to make the Red List truly representative by more than doubling the number of nonvertebrate species assessed by 2020, including lesser-known groups of invertebrates, plants, and fungi. Often overlooked, these species are vital to the maintenance of healthy ecosystems, and ultimately human life. This effort involves mobilizing significant resources. The Barometer of Life funding campaign aims to raise $60 million toward the target of IUCN Red List assessments for 160,000 species, an ambitious but feasible goal given that much of the knowledge of species is found within the Species Survival Commission (SSC) network.

Although often the bearer of bad news, the Red List stands in the positive position of being the starting point of conservation action. The year 2020 is the end of the UN Decade of Biodiversity and the end point for the Strategic Plan for Biodiversity and the Aichi Biodiversity targets. We must work globally and determinedly to meet Target 12, which states: "By 2020 the extinction of known threatened species has been prevented and their conservation status, particularly of those most in decline, has been improved and sustained." We have seen

¿Y qué hay del futuro? Son claves los cambios que se deben concretar para incrementar la capacidad de La Lista Roja de Especies Amenazadas de la UICN para combatir y detener la crisis actual de pérdida de biodiversidad.

La Lista Roja de la UICN se debe convertir en un Barómetro de Vida para la Tierra puesto que su cobertura abarca el estado de conservación de la mayor parte de los vertebrados, además de que ha programado más que duplicar el número de especies de invertebrados valorados para el 2020, incluyendo a grupos de invertebrados menos conocidos, a plantas y hongos. Estas especies a menudo ignoradas, son vitales para la conservación de los ecosistemas sanos y por ende de la vida humana misma. Este esfuerzo implica una asignación importante de recursos. La campaña de financiamiento para el Barómetro de Vida busca recabar 60 millones de dólares para lograr la meta de evaluar la situación de ciento sesenta mil especies, una meta ambiciosa pero asequible puesto que la mayor parte de la información ya se encuentra en la red de la Comisión de Supervivencia de Especies.

A pesar de que a menudo es portadora de malas noticias, La Lista Roja de la UICN adopta una postura positiva estableciéndose como punto de partida para acciones de conservación. El año 2020 marca el fin de la Década de las Naciones Unidas para la Biodiversidad y también la finalización del Plan Estratégico para la Biodiversidad, además de que entonces se confrontarán las metas de la Cumbre sobre Biodiversidad de Aichi, Nagoya. Debemos actuar de manera global y determinada para alcanzar el Objetivo 12 de la cumbre que establece

Gorilla gorilla gorilla
Western lowland gorilla/
Gorila de las tierras bajas
CRITICALLY ENDANGERED/
EN PELIGRO CRÍTICO

RUSSELL A. MITTERMEIER

many examples of success. We now need to see a quantum leap in the conservation response to the information in The IUCN Red List. The sooner action of all kinds is taken—from increasing knowledge of endangered species through surveys and field studies, to enforcing antipoaching laws to implementing high-tech methodologies—the more economical and the more effective such measures will become. And the scaling up needs to take place locally, nationally, regionally, and globally.

Governments rightly call for reliable metrics or indicators to measure status and trends—including in relation to biodiversity. The Red List is the oldest resource for decision making about our natural world, and it really is the foundation for all other conservation efforts.

The IUCN is currently refining a new standard to identify sites of global importance for biodiversity, The Key Biodiversity Areas. Criteria to identify these areas draw significantly from the Red List database. Some of these sites will become protected areas; others will be safeguarded in a variety of ways, including ecological management of agricultural landscapes and initiatives for indigenous- and community-managed areas.

Conservation is sometimes mistakenly seen as a hobby for a segment of affluent society that cares about nature—something that most of the world cannot afford to support. However, conservation must be seen as a central component of all efforts to develop in a truly sustainable manner, and species conservation is fundamental to making such a development a reality. In addition to this utilitarian goal, we must also consider the intrinsic importance of nature to people, the spiritual, emotional, and religious values that species provide and that would deprive life of its richness were they lost.

We are now at a crucial crossroads for saving life on Earth. The widespread loss of tropical forests, the degradation of coral reefs, and the overarching threat of climate change are not a crisis of the future—they are staring us in the face right now. It is the responsibility of all governments and all people to address these threats to our planet's survival, and especially to the diverse array of other species that make our living planet what it is. It is not a small task, but we do have a barometer—a tried and tested tool in the form of The IUCN Red List of

que... "Para el año 2020 se habrá de haber prevenido la extinción de las especies actualmente en peligro y su situación de conservación, en particular de aquellas en declinación pronunciada, habrá de haberse preservado y mejorado". Hemos visto muchos casos de éxito y ahora necesitamos dar un salto cuantitativo de conservación en torno al contenido de La Lista Roja de la UICN. Dado el conocimiento adquirido sobre las especies en peligro mediante reconocimientos y estudios de campo, entre más pronto se tome acción, las medidas como el fortalecimiento a la aplicación de las legislaciones contra la cacería furtiva y la utilización de tecnologías de punta serán menos costosas y más efectivas. Seguidas luego por la ampliación de la escala de lo local a lo nacional, regional y global.

Los gobiernos reclaman con razón indicadores y parámetros confiables para medir el estado y las tendencias—inclusive las relativas a biodiversidad. La Lista Roja de la UICN es la fuente más antigua para la toma de decisiones sobre nuestro mundo natural y constituye los cimientos para el resto de los esfuerzos de conservación.

La lista actualmente está detallando un nuevo indicador para la identificación de sitios de importancia global de biodiversidad, los cuales se denominan como Áreas Claves de Biodiversidad. Los criterios para la identificación de estas áreas se benefician significativamente de la base de datos de La Lista Roja de la UICN, y gracias a ella se convertirán en áreas protegidas y otros se preservarán de formas diversas como la gestión ecológica de paisajes agrícolas o iniciativas para la gestión de áreas comunitarias o autóctonas.

Con frecuencia la conservación es considerada como un pasatiempo para los ricos que se preocupan por la naturaleza—una diversión que la mayoría no puede solventar. Sin embargo la conservación debe ser concebida como el componente central de todos los esfuerzos para desarrollar una vía sustentable real en la que la conservación de las especies es fundamental. Más allá de este objeto utilitario, también debemos considerar la importancia inherente de la naturaleza para los pueblos, esa contribución espiritual intangible, emocional y de valores religiosos que las especies aportan y que al perderse nos privan del vital patrimonio que aportan.

Hoy nos encontramos en la disyuntiva de salvaguardar la vida en

Threatened Species. We must invest in it, use it to the fullest possible extent, and build on its fifty years of experience, credibility, and results.

NEIL COX
Manager, IUCN-CI Biodiversity Assessment Unit

RUSSELL A. MITTERMEIER
President, Conservation International

JANE SMART
Director, IUCN Global Species Programme

la Tierra. La pérdida extensiva del bosque tropical, la degradación de los arrecifes de coral y la grave amenaza del cambio climático no son una crisis del futuro, los tenemos frente a nosotros en este momento. Es responsabilidad de todos los gobiernos y de todas las personas encarar estas amenazas para la supervivencia planetaria y el universo de especies que le dan vida. No es tarea fácil, pero tenemos un barómetro—la herramienta constituida por La Lista Roja de Especies Amenazadas de la UICN. Debemos de aprovecharla al máximo y cimentarnos en sus cincuenta años de experiencia, credibilidad y resultados.

NEIL COX
Administrador de la Unidad de Evaluación de Biodiversidad de la UICN-CI

RUSSELL A. MITTERMEIER
Presidente, Conservation International

JANE SMART
Directora, Programa Global de Especies de la UICN

ACKNOWLEDGMENTS

IUCN Species Survival Commission

It is impossible to thank by name the many people and institutions who make it possible for the Species Survival Commission (SSC) to function at its current capacity, covering an immense breadth of conservation issues and catalyzing action on the ground to help reduce or prevent species extinctions. SSC's flagship product, produced in partnership with IUCN's Global Species Programme and Red List Partners, is The IUCN Red List of Threatened Species. A special thank you must be given to the more than 7,500 SSC members who constitute the network of Specialist Groups, Task Forces, Red List Authorities, and Sub-Committees, who contribute their time and expertise to produce the Red List assessments, which provide the information required to drive conservation forward.

Global Species Programme Staff

Sincere thanks are due to past and present staff of the Global Species Programme: Jemma Able, Esther Abonyo, Nils Adeler, David Allen, Ariadne Angulo, Karl Arpon, Alessandro Badalotti, Mark Balman, Laurel Bennett, Melanie Bilz, Elke Blodau, Philip Bowles, Simon Bradley, Amie Brautigam, Emma Brooks, Jack Buchanan, Amy Burden, Jamie Carr, Savrina Carrizo, Kent Carpenter, Dena Cator, Janice Chanson, Stefan Chen, Leah Collett, Mia Comeros-Raynal, Paul Costello, Neil Cox, Aina Pascual Cuadras, Annabelle Cuttelod, Morgane Daget, William Darwall, Tulia Defex, Cristiane Elfes, Wendy Foden, Mariana García, Nieves García, Mariano Gimenez Dixon, Dora Godinho, Barbara Goettsch, Julie Griffin, Alice Groom, Ian Harrison, Heather Harwell, Olivier Hasinger, Geoffrey Howard, Craig Hilton-Taylor, Robert Holland, Adrian Hughes, Jonathan Hulson, Rasanka Jayawardana, Richard Jenkins, Ackbar Joolia, Diego Juffe-Bignoli, Elise Jüni, Vineet Katariya, James Kemp, Anna Knee, Lynne Labanne, Marie-Christine

RECONOCIMIENTOS

Comisión de Supervivencia de Especies

Es imposible agradecer a cada una de las muchas personas e instituciones que hacen posible que la Comisión de Supervivencia de Especies (SSC) funcione a toda capacidad cubriendo una inmensa gama de asuntos relativos a la conservación y catalizando acciones en el campo para ayudar a prevenir la extinción de especies. El producto bandera de la SSC, producido en sociedad con el Programa Global de Especies (PGE) de la UICN, es La Lista Roja de Especies Amenazadas de la UICN. Un agradecimiento especial se debe a los mas de 7,500 miembros de la SSC quienes constituyen la red de Grupos de Especialistas, Fuerzas Especiales, Autoridades de la Lista Roja y Subcomités. Todos ellos contribuyen su tiempo y pericia para producir las evaluaciones de La Lista Roja de la UICN, las cuales proporcionan la información necesaria para adelantar los esfuerzos de conservación.

Personal del Programa Global de Especies

Un sincero agradecimiento al personal, pasado y presente del GSP: Jemma Able, Esther Abonyo, Nils Adeler, David Allen, Ariadne Angulo, Karl Arpon, Alessandro Badalotti, Mark Balman, Laurel Bennett, Melanie Bilz, Elke Blodau, Philip Bowles, Simon Bradley, Amie Brautigam, Emma Brooks, Jack Buchanan, Amy Burden, Jamie Carr, Savrina Carrizo, Kent Carpenter, Dena Cator, Janice Chanson, Stefan Chen, Leah Collett, Mia Comeros-Raynal, Paul Costello, Neil Cox, Aina Pascual Cuadras, Annabelle Cuttelod, Morgane Daget, William Darwall, Tulia Defex, Cristiane Elfes, Wendy Foden, Mariana García, Nieves García, Mariano Gimenez Dixon, Dora Godinho, Barbara Goettsch, Julie Griffin, Alice Groom, Ian Harrison, Heather Harwell, Olivier Hasinger, Geoffrey Howard, Craig Hilton-Taylor, Robert Holland, Adrian Hughes, Jonathan Hulson, Rasanka Jayawardana, Richard Jenkins, Ackbar Joolia, Diego Juffe-Bignoli, Elise Jüni, Vineet Katariya, James Kemp, Anna Knee,

Labernardière, Christi Lindardich, Suzanne Livingstone, Maiko Lutz, Sue Mainka, Maureen Martindell, Ian May, Han Meng, Alizé Mercier, Rebecca Miller, Ana Nieto, Thomasina Oldfield, Susannah O'Hanlon, Andrea Pino del Carpio, Kathryn Pintus, Caroline Pollock, Beth Polidoro, James Ragle, Gina Ralph, Pavithra Ramani, Andrew Rodrigues, Alison Rosser, Hugo Ruiz Lozano Silvia Sánchez, Jonnell Sanciangco, Claire Santer, Catherine Sayer, Janet Scott, Jan Schipper, Fabian Schweizer, Wes Sechrest, Yichuan Shi, Jane Smart, Kevin Smith, Wendy Strahm, Emilie Stump, Ben Sullivan, Helen Temple, Marcelo Tognelli, Jean-Christophe Vié, Camellia Williams, Helen Wood, Doreen Zivkovic.

Species Survival Commission Chairs Office Staff
Jennifer Luedtke, Jeremy Harris, Michael Hoffmann, Evie Morris, Rachel Roberts, Vera Hugues Salas, and Simon Stuart.

For the Book
The authors would like to offer sincere thanks to Rachel Roberts, SSC Network Coordination Officer, SSC Chair Office; Neil Cox, Manager, CI-IUCN Biodiversity Assessment Unit; and Dena Cator and Olivier Hasinger, SSC Network Coordination Officers in the Global Species Programme, all of whom provided substantial input during the preparation of this book and worked quickly and tirelessly to proofread text and cross-check facts. Lynne Labanne, Marketing and Communications Officer, Global Species Programme, provided helpful guidance on branding. We also wish to offer particular thanks to Ramon Perez Gil for his help in getting this book off the ground.

Lynne Labanne, Marie-Christine Labernardière, Christi Lindardich, Suzanne Livingstone, Maiko Lutz, Sue Mainka, Maureen Martindell, Ian May, Han Meng, Alizé Mercier, Rebecca Miller, Ana Nieto, Thomasina Oldfield, Susannah O'Hanlon, Andrea Pino del Carpio, Kathryn Pintus, Caroline Pollock, Beth Polidoro, James Ragle, Gina Ralph, Pavithra Ramani, Andrew Rodrigues, Alison Rosser, Hugo Ruiz Lozano Silvia Sánchez, Jonnell Sanciangco, Claire Santer, Catherine Sayer, Janet Scott, Jan Schipper, Fabian Schweizer, Wes Sechrest, Yichuan Shi, Jane Smart, Kevin Smith, Wendy Strahm, Emilie Stump, Ben Sullivan, Helen Temple, Marcelo Tognelli, Jean-Christophe Vié, Camellia Williams, Helen Wood, y Doreen Zivkovic.

Personal de la Oficina del Presidente del SSC
Jennifer Luedtke, Jeremy Harris, Michael Hoffmann, Evie Morris, Rachel Roberts, Vera Hugues Salas y Simon Stuart.

Para el Libro
Los autores quisieran agradecer profundamente a Rachel Roberts, Oficial de Coordinación de la Red de la SSC; Neil Cox, Administrador de la Oficina del Presidente de la SSC, Unidad de Evaluación de Biodiversidad de CI-UICN; Dena Cator y Olivier Hasinger, Oficiales de Coordinación de la Red de la SSC en el GSP. Todos ellos realizaron contribuciones sustanciales durante la preparación de este libro y trabajaron de manera rápida e infatigable para leer y corregir textos y checar datos y referencias. Lynne Labanne, Oficial de Mercadeo y Comunicaciones del GSP proporcionó ayuda y dirección en cuanto al branding. También queremos agradecer a Ramón Pérez Gil por su ayuda para "echar a andar" la idea de este libro.

THE IUCN'S SPECIES SURVIVAL COMMISSION

LA COMISIÓN DE SUPERVIVENCIA DE ESPECIES DE LA UICN

Biodiversity loss is one of the world's most pressing crises, with many species' populations declining to critical levels. The IUCN's Species Survival Commission (SSC) is composed of a diverse network of approximately nine thousand experts including scientists, field researchers, government officials, and conservation leaders worldwide, all working together toward achieving the vision of "a just world that values and conserves nature through positive action to reduce the loss of diversity of life on earth." Members of SSC belong to one or more of 130 Specialist Groups, Red List Authorities, and Task Forces, each focusing on a taxonomic group (fungi, plants, or animals), or topical issues such as sustainable use and livelihoods, reintroduction of species, wildlife health, climate change, and conservation breeding. These groups constitute the main working units of SSC, providing the breadth of expertise and commitment that both drives the commission to halt the decline in biodiversity, and ensures that it is an unmatched source of information and advice to influence conservation outcomes.

Con incontables poblaciones de especies disminuyendo a niveles alarmantes, una de las crisis más apremiantes a nivel mundial es la pérdida de la biodiversidad. La Comisión de Supervivencia de Especies de la UICN está compuesta por una red diversa de unos nueve mil expertos que incluye a científicos, investigadores de campo, funcionarios de gobierno y líderes con-servacionistas alrededor del mundo, todos trabajando juntos para alcanzar la visión de "un mundo justo que valora y conserva la naturaleza a través de acciones positivas para reducir la pérdida de la diversidad biológica en la Tierra". Los miembros de la SSC pertenecen a uno o más de los 130 Grupos de Especialistas, Autoridades de la Lista Roja y Fuerzas Especiales, cada uno de ellos enfocados en un grupo taxonómico (hongos, plantas o animales) o en temas específicos como el uso sustentable o medios de subsistencia, reintroducción de especies, salud de la vida silvestre, cambio climático, o reproducción para la conservación. Todos estos grupos, constituyen los principales módulos de trabajo de la SSC y le proporcionan tanto el alcance como el compromiso y pericia que le permiten detener la pérdida de biodiversidad y le garantizan ser la fuente de información y asesoría por excelencia para solventar los resultados para la conservación.

IUCN SSC SPECIALIST GROUPS
GRUPOS DE ESPECIALISTAS DE LA SSC DE LA UICN

African Elephant Specialist Group
African Rhino Specialist Group
Afrotheria Specialist Group
Amphibian Specialist Group
Anoline Lizard Specialist Group
Anteater, Sloth & Armadillo Specialist Group
Antelope Specialist Group
Asian Rhino Specialist Group
Asian Wild Cattle Specialist Group
Bat Specialist Group
Bear Specialist Group
Bison Specialist Group
Boa & Python Specialist Group
Bumblebee Specialist Group
Bustard Specialist Group
Butterfly Specialist Group
Cactus & Succulent Specialist Group
Canid Specialist Group
Caprinae Specialist Group
Carnivorous Plant Specialist Group
Cat Specialist Group
Cave Invertebrate Specialist Group
Cetacean Specialist Group
Chameleon Specialist Group
China Plant Specialist Group
Climate Change Specialist Group
Conservation Breeding Specialist Group
Cormorant Research Group
Crane Specialist Group
Crocodile Specialist Group
Crop Wild Relative Specialist Group

Cycad Specialist Group
Deer Specialist Group
Diver Loon Specialist Group
Dragonfly Specialist Group
Duck Specialist Group
Equid Specialist Group
Flamingo Specialist Group
Freshwater Crab & Crayfish Specialist Group
Freshwater Fish Specialist Group
Freshwater Plant Specialist Group
Galápagos Plant Specialist Group
Galliformes Specialist Group
Giraffe and Okapi Specialist Group
Grasshopper Specialist Group
Groupers & Wrasses Specialist Group
Grupo Especialista en Camelidos Sudamericans
Hawaii Plant Specialist Group
Heron Conservation
Horseshoe Crab Specialist Group
Hyaenid Specialist Group
Iguana Specialist Group
Invasive Species Specialist Group
Lagomorph Specialist Group
Large Carnivore Initiative for Europe Specialist Group
Lichen Specialist Group
Macronesian Island Plants Specialist Group
Mangrove Specialist Group
Marine Turtle Specialist Group
Medicinal Plant Specialist Group
Mollusc Specialist Group
Mushrooms, Brackets & Puffballs Specialist Group

New World Marsupials Specialist Group
Orchid Specialist Group
Otter Specialist Group
Palm Specialist Group
Pangolin Specialist Group
Peccary Specialist Group
Pelican Specialist Group
Pinniped Specialist Group
Polar Bear Specialist Group
Primate Specialist Group
Re-introduction Specialist Group
Salmonid Specialist Group
Sea Snake Specialist Group
Shark Specialist Group
Sirenia Specialist Group
Small Invertebrate Specialist Group
Small Mammal Specialist Group
Snapper, Seabream & Grunt Specialist Group
South Asian Invertebrate Specialist Group
Sturgeon Specialist Group
Sustainable Use & Livelihoods Specialist Group
Tapir Specialist Group
Tortoise & Freshwater Turtle Specialist Group
Tuna and Billfish Specialist Group
Viper Specialist Group
Vulture Specialist Group
Wild Pig Specialist Group
Wildlife Health Specialist Group
Woodcock & Snipe Specialist Group

LIST OF ACRONYMS
LISTA DE SIGLAS

ACIWP—American Committee for International Wildlife Protection

AMLD—Associação Mico-Leão-Dourado

AZE—Alliance for Zero Extinction

BGCI—Botanic Gardens Conservation International

CBD—Convention on Biological Diversity/Convención sobre la
Diversidad Biológica

CEPF—Critical Ecosystem Partnership Fund

CI—Conservation International

CITES—Convention on International Trade in Endangered Species of
Wild Fauna and Flora/ Convención para el Comercio Internacional
de Especies Amenazadas de Fauna y Flora Silvestres.

CMS—Convention on Migratory Species/Convención sobre las
Especies Migratorias

EU—European Union/Unión Europea

FFI—Flora and Fauna International

FPS—Fauna Preservation Society/Sociedad para la Preservación de
Fauna

FWS—Fish and Wildlife Service

GEF—Global Environment Facility/Fondo para el Medio Ambiente
Mundial (FMAM)

GeoCAT—Tool developed by Kew

GSP—Global Species Programme/Programa Global de Especies

IBA—Important Bird Areas

ICBP—International Council for Bird Preservation

IPBES—Intergovernmental Science Policy Platform on Biodiversity
and Ecosystem Services/Plataforma Intergubernamental de
Ciencia y Políticas sobre Biodiversidad y Servicios Ambientales

IUCN—International Union for the Conservation of Nature

IUPN—International Union for the Protection of Nature

KBA—Key Biodiversity Areas

MBZSCF—Mohamed Bin Zayed Species Conservation Fund/Fondo
de Conservación de Especies Mohamed Bin Zayed

NPI—Net Positive Impact/Impacto Positivo Neto

RDB—Red Data Books

SCMU—Species Conservation Monitoring Unit

SMART—Spacial Monitoring and Reporting Tool

SOS—Save Our Species/Salvemos Nuestras Especies

SSC—Species Survival Commission/Comisión para la Supervivencia
de Especies

UNEP—United Nations Environment Programme

WCMC—World Conservation Monitoring Center

WWF—World Wildlife Fund

ZSL—Zoological Society of London/Sociedad Zoológica de Londres

SELECTED BIBLIOGRAPHY
BIBLIOGRAFIA ESCOGIDA

Allen, G. M. 1942. *Extinct and Vanishing Mammals of the Western Hemisphere.* Special Publication No. 11. New York: ACIWP.

Burton, J. A. 2003. "The Context of Red Data Books, with a Complete Bibliography of the IUCN Publications. In *The Harmonization of Red Lists for Threatened Species in Europe,* edited by H. H. De Longh, O. S. Bánki, W. Bergmans, and M. J. van der Werff ten Bosch. Proceedings of an International Seminar, 27-28 November 2002, 291-300. Medelingen No. 38. Leiden: The Netherlands Commission for International Nature Protection.

Coolidge, H. J. 1968. "An Outline of the Origins and Growth of the IUCN Survival Service Commission." In *Transactions of the North American Wildlife and Natural Resources Conference,* March 11-13, 1968, 33: 407-17. Washington, D.C.: Wildlife Management Institute.

Emanoil, M. in association with IUCN-The World Conservation Union, eds. 1994. *Encyclopedia of Endangered Species.* Detroit and London: Gale Research Inc.

Fitter, R. 1986. *Wildlife for Man: How and Why We Should Conserve Our Species.* London: Collins.

Greenway Jr., J. C. 1958. *Extinct and Vanishing Birds of the World.* Special Publication No. 13. New York: ACIWP.

Harper, F. 1945. *Extinct and Vanishing Mammals of the Old World.* Special Publication No. 12. New York: ACIWP.

Holdgate, M. *The Green Web: A Union for World Conservation.* London: Earthscan.

Hornaday, W. T. 1913. *Our Vanishing Wildlife.* New York Zoological Society, New York.

International Union for the Protection of Nature. 1950. *Proceedings and Papers of the International Technical Conference on the Protection of Nature.* Lake Success, New York, 22-29 August 1949. Paris: UNESCO, and Brussels: IUPN.

Mence, T. 1981. *IUCN: How It Began, How It Is Growing Up.* Gland, Switzerland: IUCN.

Munton, P. 1987. "Concepts of Threat to the Survival of Species Used in Red Data Books and Similar Compilations." In *The Road to Extinction,* edited by R. Fitter and M. Fitter, 71-112. Gland, Switzerland, and Cambridge, UK: IUCN.

Scott, P., J. A. Burton, and R. Fitter. 1987. "Red Data Books: The Historical Background." In *The Road to Extinction,* edited by R. Fitter and M. Fitter. Gland, Switzerland, and Cambridge, UK: IUCN.

Stuart, S. N., E. O. Wilson, J. A. McNeely, R. A. Mittermeier, and J. P. Rodríguez. 2010. "The Barometer of Life." *Science* (April 9, 2010) 328 (5975): 177.

Synge, H. 1987. The History of TPC and TPU, 1970-1986. Unpublished personal memoir. Threatened Plants Unit: IUCN.

Talbot, L. 1960. "A Look at Threatened Species." *Oryx* 5: 153-293.

ABOUT THE AUTHORS

JANE SMART is Global Director of IUCN's Biodiversity Conservation Group (the Global Species, Protected Areas, World Heritage, and Invasive Species programmes as well as TRAFFIC. As Director of the Global Species Programme she has overall responsibility for managing the production of The IUCN Red List of Threatened Species. She is focal point for the Species Survival Commission (SSC). Trained as a botanist, Dr. Smart founded Plantlife International in 1989. In 2003 she was awarded the Order of the British Empire for her service to international conservation.

CRAIG HILTON-TAYLOR, head of the IUCN Global Species Programme Red List Unit, ensures the quality and availability of one of the world's most powerful tools for conservation. Since starting the Red List Unit in 1999, Hilton-Taylor has facilitated over sixty IUCN Red List training and assessment workshops in thirty countries and has coauthored over seventy publications on threatened species. He has been an effective advocate to threatened plants and animals throughout the world.

RUSSELL A. MITTERMEIER, president of Conservation International, is a renowned primatologist and herpetologist. He has undertaken extensive fieldwork and made major contributions to the conservation of the fauna of Madagascar, the fauna of South America (especially in Brazil and the Guianas), primates in general, and freshwater turtles worldwide. He has been the leading spokesperson for the hotspots concept, and he also developed the framework for identifying mega-diversity countries and High-Biodiversity Wilderness Areas.

ACERCA DE LOS AUTORES

JANE SMART es la Directora del Grupo de Conservación de Biodiversidad (que incluye los siguientes programas: Global de Especies, de Áreas Protegidas, de Herencia Mundial, y de Especies Invasoras), así como de la organización TRAFFIC. En su función como Directora del Programa Global de Especies, tiene la responsabilidad general de administrar la producción de La Lista Roja de la UICN de Especies Amenazadas. Es también el punto focal para la Comisión para la Supervivencia de Especies. Educada como botánica, la Dra. Smart fue la fundadora, en 1989, de Plantlife International. En el 2003 se le galardonó con la Orden del Imperio Británico por los servicios que ha prestado a la conservación internacional.

CRAIG HILTON-TAYLOR En su función como líder de la Unidad para la Lista Roja del Programa Global de Especies de la UICN, Craig Hilton-Taylor garantiza la calidad y disponibilidad de una de las herramientas más poderosas con las que cuenta la conservación. Desde que dio comienzo a la Unidad para la Lista Roja en 1999, Hilton-Taylor ha promovido más de sesenta talleres de entrenamiento para las evaluaciones de La Lista Roja de la UICN en treinta países y ha sido coautor de mas de setenta publicaciones acerca de las especies amenazadas. Ha sido un defensor efectivo de las plantas y animales amenazados en todo el mundo.

RUSSELL A. MITTERMEIER, presidente de Conservation International, es un renombrado primatólogo y herpetólogo. Ha llevado a cabo extensos trabajos de campo y ha realizado contribuciones significativas a la conservación de la fauna de Madagascar, la fauna de Sudamérica (especialmente en Brasil y las Guyanas), a la de los primates en general, y a la de las tortugas de agua dulce de todo el mundo. Ha sido el vocero principal para el concepto de "hotspots" y también ha desarrollado un marco de trabajo para identificar a los países de Megadiversidad y a las Áreas Silvestres de Gran Biodiversidad.

Strigops habroptila
Kakapo/Cacapo
CRITICALLY ENDANGERED/
EN PELIGRO CRÍTICO

SHANE MCINNES

Hamiota altilis
Finelined pocketbook/
Mejillón de agua dulce
ENDANGERED/EN PELIGRO

WENDELL R. HAAG